KB120121

나는 돈이 없어도 토지에 투자한다

나는 돈이 없어도 토지에 투자한다

초 판 1쇄 2020년 04월 08일
초 판 2쇄 2021년 03월 17일

지은이 김한용
펴낸이 류종렬

펴낸곳 미다스북스
총괄실장 명상완
책임편집 이다경
책임진행 박새연 김가영 신은서
본문교정 최은혜 강윤희 정은희 정필례

등록 2001년 3월 21일 제2001-000040호
주소 서울시 마포구 양화로 133 서교타워 711호
전화 02) 322-7802~3
팩스 02) 6007-1845
블로그 http://blog.naver.com/midasbooks
전자주소 midasbooks@hanmail.net
페이스북 https://www.facebook.com/midasbooks425

ISBN 978-89-6637-779-4 03320

값 15,000원

나는 돈이 없어도 토지에 투자한다

김한용 지음

진짜 부자는 토지 투자로 만들어진다!

미다스북스

프롤로그

진짜 부자는 토지 투자로 만들어진다!

우리는 매일 시간과 돈을 맞바꾸며, 노예처럼 직장을 다닌다. 하루하루 사회에 길들여져간다. 지금보다 더 행복한 삶을 위해 무엇을 해야 할까? 당신은 어떤 꿈을 꾸며 살고 싶었는가? 항상 반복적인 생활에 익숙해진 채, 내 의지는 전혀 없이 살아지는 대로 살아가고 있다. 앞으로 다가올 미래에 대해서는 생각조차 하지 않는다. 아니, 설혹 생각한다고 해도 마냥 걱정만 할 뿐 술 한잔에 그 걱정을 잊어보려고만 한다. 술 한잔으로 내 삶이 바뀔까? 우리 앞에는 어떤 삶이 기다리고 있을까? 현재 우리가 선택한 결과가 미래를 만든다.

어떤 것에 관심을 가지고 어떤 하루를 보내느냐가 미래를 결정한다. 살아가는 데 있어서 돈은 반드시 필요하고, 그것으로 많은 불편한 문제들을 해결할 수 있다. 부자들처럼 돈이 많으려면 어떻게 해야 할까? 부자들처럼 행동해야 한다. 처음부터 부자가 아닌 자수성가한 부자들도 있다. 그들에게서 배워야 한다.

나는 풍족하지 않은 집에서 자라 어떻게 미래를 준비해야 할지 몰랐다. 그래서 부모님이 말씀하신 재테크 방식대로 청약통장에 가입해 미래를 준비해왔다. 하지만 지금은 부모님 때의 재테크처럼 단순히 은행의 예적금만으로는 미래를 준비할 수 없다는 것을 난 책을 통해 알게 됐다. 내 주관이 생기고 미래를 생각하게 된 것이다. 현재의 내 모습과 환경을 제대로 알아야 하고 어떻게 해야 경매를 통해 적은 돈으로 미래를 준비할 수 있는지 생각하게 됐다. 부자가 되기 위해선 돈의 흐름을 이해해야 했고 모르고 있었던 돈에 대한 진실들을 알아야 했다. 나는 그때부터 부동산과 맞벌이를 해야겠다고 생각하고 선택하고 움직였다.

부자가 되려면 사업가나 투자자가 되어야 한다. 나와 같은 우리 시대의 많은 젊은 청년들은 나침반 없이 현실을 살아간다. 우리는 재테크를 너무 두려워하고 재테크에 많은 돈이 필요하다고 생각한다. 재테크를 통해 큰돈이 들어가는 데다 그것을 잃을까봐 두려운 것이다. 나 또한 그랬고 두려웠다.

부자가 되기 위해서 내가 직접 투자자가 돼서 하나씩 하나씩 부자가 되기 위한 시간을 보내야 한다. 투자라는 것은 돈만 있다고 되는 것이 아니다. 정보와 자본 그리고 결단력이 있어야 한다. 우리가 준비해야 할 것은 많다. 종잣돈이 가장 중요할 것 같지만 그렇지 않다. 왜냐하면 정보가 있고 결단력이 있다면 내가 가진 것들을 통해 종잣돈을 마련할 수 있지만 아무리 종잣돈이 있어도 투자를 할 결정을 못한다면 아무런 의미가 없다.

투자란 누가 바로 하라고 해서 하는 것이 아니라 본인 스스로 공부를 해서 이뤄져야 한다. 정보력이 있는 누군가의 말을 신뢰할 수는 있겠지만, 그 정보가 사실인지 거짓인지는 당신이 판단할 몫이고 그것을 판단하기 위해서는 공부가 어느 정도 되어 있어야 한다. 단순히 누군가 갑자기 투자하라고 한다면 실패에 대한 몫도 당신의 몫이다. 정보나 지식을 가지고 투자를 해야만 한다. 어떤 재테크든 본인이 선택하는 것이다. 당신에게 맞는 재테크를 찾고 빠르고 정확하게 그것에 대해 공부를 해야만 더욱더 확신이 생길 것이며 부자가 되는 길에 한걸음 더 가까워지는 것이다.

부자란 결코 쉽게 되지는 않는다. 부자가 되기 위해서 재테크를 하겠다고 선택했다면 남들처럼 여행을 자유롭게 가거나 가지고 싶은 물건들을 소유하는 작은 행복들을 가지지 못할 수도 있다. 재테크를 위해선 공부를 하면서 종잣돈을 모아가는 시간이 필요하다. 미래에 행복하기 위한 시간을 투자하는 것이다. 언제까지 회사의 노예로 살아갈 것인가? 회사는 내 미래를 책임져주지 않는다. 당신 스스로 미래를 준비해야만 한다. 당신이 준비하는 미래가 자녀와 가족이 편안하게 살게 될 미래를 위한 길이라는 생각으로 준비를 하길 바란다.

부자라고 해서 꼭 행복할거라고 생각하진 않는다. 누구든 고민은 있기 때문에 부자도 고민 때문에 머리가 복잡할 수도 있다. 행복의 기준은 각자 다르다. 당신의 행복의 기준이 돈이라는 이야기가 아니다. 인생에서 돈이 전부는 아니다. 다만 사랑하는 가족이 아플 때나 축하할 일이 있을 때 돈이 있다면 도움을 줄 수 있고 내 가족이 좀 더 윤택하게 살 수 있는 환경을 만들 수 있다.

월급만으로는 절대로 행복한 삶을 살 수 없다. 당신의 월급이 1천만 원이 넘어간다면 모르겠지만 그렇지 않다면 재테크 공부는 필수다. 재테크 중에서도 난 부동산과 맞벌이를 하기로 결정했다. 그렇게 시작한 경매에서 난 부동산의 실체를 알아버렸다. 경매를 해본 사람이라면 알겠지만, 반지하의 오래된 빌라라도 경매로 저렴하게 사면 월세를 받을 수 있다. 그리고 그 오래된 빌라는 후에 재건축으로 지정될 때 토지 지분에 대한 평가로 재평가가 된다. 빌라 1층의 가격과 지층의 가격은 차이가 나지만 재건축할 때는 토지 지분만으로 평가받기 때문에 재건축이 되는 시기에 건물의 값은 중요하지 않다.

오피스텔이든 빌라든 아파트든 상가든, 모든 부동산은 토지 위에 세워진다. 그래서 모든 부동산의 가치는 입지로 결정되는데, 우리들은 그 토지들의 가치를 잘 모른다. 그저 그 건물에 대한 가치에만 관심을 가질 뿐이다. 우리는 토지보다는 건물을 소유하기 위해 애쓴다. 건물에는 이미 많은 거품이 끼어 있다. 토지 원형지의 상태에서 이뤄진 토목공사와 시공사에서 건물을 세우고 광고와 분양을 하는 비용이 합쳐져 최종의 소비자가격이 형성되고, 우리는 이걸 구매하기 위해 노력한 결과, 30년 동안 부동산의 값을 은행에 매달 납부하면서 살아가고 있다. 우리는 공급자가 될 것인지 소비자가 될 것인지 선택해야 한다.

부동산의 가치가 토지에 있다는 것을 알게 돼 토지에 투자하고 싶은 사람들이 있다고 하더라도 선뜻 토지에 투자하기는 어렵다. 주위에서 너무나 많은 토지 투자의 실패를 봤기 때문이다. 토지 투자는 일반 부동산 투자와는 달리 대중화되어 있지 않기 때문에 많은 정보들을 알아야만 한다. 정보만 알고 있다면 원형지인 토지 투자를 통해서 당신의 미래를 역전시킬 수 있다. 정보를 알고 관심을 가지기 때문에 강남의 부자들은 더욱더 부자가 되는 것이다. 그리고 땅을 소유하고 있던 부자들이 계속해서 더 큰 부자가 되어간다. 땅을 소유하고 있던 부자들이 계속해서 더 큰 부자가 되어간다.

우리 모두는 부자가 되고 싶지만 현실에서 많은 장애물들에 부딪힌다. 주변의 지인들의 반대도 그러할 것이며, 많은 것을 포기해야 하는 것도 그렇다. 나는 이 책에서 당신이 부자가 되고 싶다면 선택을 통해서 부자가 될 수 있음을 알려주고 싶다. 부자를 선택하고 어떻게 재테크를 준비해야 하는지 돈이 없더라도 시간에 투자하여 재테크 서적이나 세미나 등을 통해 학교에서 배우지 못했던 금융 지식에 관심을 두고 공부해서 미래를 준비하길 바란다.

차례

1장 진짜 부자는 땅으로 만들어진다

은행 말고 땅에 적금을 부어라

반드시 오르는 땅의 패턴을 읽어라

실전에 바로 써먹는 토지 투자의 기술

부자가 되고 싶다면 토지 투자가 답이다!

1 장

진짜 부자는 땅으로 만들어진다

Investment in Land

돈벼락 맞은 전국의 땅 부자들

부자가 되기 위해서는 시간 혹은 돈을 투자해야 한다

당신은 로또를 사고 있는가? 나도 매주, 인생을 역전시키기 위해 로또를 사고 있다. 로또에서 1등이 된다면 어떻게 쓰겠나? 욕심이 더 큰 건지도 모르겠지만 난 만약 로또에 당첨된다면, 더 빨리, 안정적인 부자가 되기 위해 토지에 투자하겠다.

얼마만큼의 부자가 되고 싶은가? 부자가 되고 싶다면 시간이든 돈이든 투자를 해야 부자가 될 수 있다. 재테크에선 종잣돈이 중요하다. 어떻게 종잣돈을 모을 것인가? 물려받은 자산이 있다거나 혹은 우연히 보상받을 수도 있을 것이다. 당신은 물려받을 재산이 있는가? 2014년부터 2019

년까지 보상액으로 22조 원이 풀렸으며 문재인 정부 들어 땅값 2,000조 원이 올랐다.

1년마다 1,000조 원씩 보상받은 것이다. 거기에 대한민국에서 토지를 가지고 있는 사람과 그렇지 못한 사람의 비율은 3대7이다. 전 국민의 30%만이 토지를 가지고 있다는 것이다. 지난 5년간 22조 원의 보상 중에서 경기도의 개인 땅 부자가 받은 보상액은 최대 244억 원이었다. 이것은 개인 보상 금액으로는 최고가라는 디지털 타임즈의 기사 내용도 있었다.

디지털 타임즈의 내용으로는 평택 장안동 일대 6개 필지를 소유하고 있던 A모씨는 지난 6월과 12월에 한국감정원으로부터 총 244억3,400만 원의 토지 보상으로 졸부가 되었다. 이렇게 보상을 받게 된 것은 대규모 개발 사업이 이뤄지면서 A모씨의 땅이 평택브레인시티 2단계 사업부지로 수용되었기 때문이다. 2조7,000억 원을 투자해 국가에서 택지 개발 대규모 개발 사업이 이뤄지면서 개인이 토지보상비를 받은 엄청난 액수이다. 최근 5년간 지급한 토지보상비는 22조1,084억 원에 달하며 내년에는 토지보상금이 역대 사상 최대 규모인 50조 원에 육박할거라고 한다.

서울 양원지구 필지의 소유자 B모씨는 자신이 소유한 땅이 LH에서 1

조2,000억 원을 들여 덕은동 일대 부지에 아파트 4천여 세대를 조성하는 도시개발 지구에 수용돼 200억 원을 보상받았다. 순식간에 200억 원대 자산가가 된 것이다. 고양 덕은지구 필지 소유자인 또 다른 B모씨는 LH에서 197억 원을 보상받았다.

이렇게 보상이 풀려서 갑자기 졸부가 된 사람들이 있다고 생각해 보자. 그들은 그 돈으로 무엇을 할까? 대한민국 일반 사람들의 꿈인 멋진 집을 사고 또한 멋진 자동차도 구입하며, 여행도 맘껏 다니고 그동안 이루지 못했던 것들을 현실로 누려볼 것이다. 돈이 많으면 많을수록 좋다. 돈이 많으면 주위 사람들을 도울 수 있는 힘이 생기기 때문이다. 돈이 없으면 지킬 수 없는 것들도 너무 많다. 돈은 곧 건강과 뗄 수 없는 가치이기에 다들 돈을 더 많이 벌기 위해 오늘도 직장에 출근하거나 경제활동을 하지 않는가?

통계적으로 남은 돈들은 은행에 적게는 6개월에서 1년 정도 유치를 해놓는다. 어떻게 써야 할지를 모르기 때문이지 않을까? 하지만 토지로 이렇게 갑자기 부자가 된 사람들은 더 큰 부자가 되고 싶기 때문에 은행 대신 또 다른 부동산에 투자를 한다. 개발될 호재들을 알고 나서 더 좋은 곳에 투자를 한다면 지금보다 더 큰 부자가 될 수 있을 것을 알기 때문이다. 그렇게 더 큰 부자가 되면 내 자녀의 손주들까지도 편히 살 수 있을 수도 있다.

개인뿐만 아니라 기업도 막대한 보상금을 받은 사례가 있다. 경기도 성남시 수정구에 위치한 판교창조경제밸리 사업지구를 소유한 A법인은 LH로부터 2,880억 원을 보상받았다. 이렇게 토지 보상금이 풀리면 다시 보상비는 부동산으로 흘러 들어간다. 이뿐만이 아니다. 우리가 잘 아는 스타벅스, 버거킹 등 유명한 프랜차이즈 사업도 부동산의 위치를 보고서 돈이 될 부동산을 사들인다. 우리나라에서 가장 비싼 땅을 소유한 명동의 네이처리퍼블릭 자리의 평당 가격은 현재 13억 원에 가깝다. 이 건물의 주인인 남양주시 주모(73)씨는 서울중앙지법에서 진행한 경매에서 이 부지와 건물을 낙찰 받아 20년째 보유 중인데 당시 감정가로 51억 원 정도였던 것을 41억 원에 낙찰 받았다. 공시지가만 해도 2019년 현재 309억 원이다.

당신은 대한민국 땅 한 평을 소유하고 있는가?

여러 가지의 재테크가 있다. 부동산만 해도 경매, 갭투자, 재개발지역, 재건축, 빌라, 아파트, 오피스텔 이것저것 많은 재테크가 있지만 어떤 재테크든지 자신이 그 재테크를 통해 괜찮은 수익을 보았다면, 그 재테크를 계속해서 하게 되는 경우를 주위에서 많이 보았다. 땅테크도 마찬가지이다. 땅테크를 통해 엄청난 부를 이룬 사람은 그 경험으로 앞으로 벌어들일 수익을 예상할 수 있으니 또 땅테크를 하는 것이다.

경기도와 강원도를 잇는 경강선 라인 중에 지금은 개통된 부발역이 있다. 그 역사가 위치한 이천시 부발읍 일대를 샀던 용산구의 L씨는 1억 원을 투자해 석 달 만에 10억 원을 만들어 땅테크에 성공했다. L씨는 평소 각종 개발 호재가 들끓는 이천에 관심이 많았다. 게다가 장인과 처남이 이천에 살아서 정보와 소문을 접하기도 쉬웠다. 그 결과 부발 역사를 투자 최적지로 보고 그 일대를 발품 팔아 120만 원씩에 급매로 내놓은 땅을 매입하여 본인 투자금 7,800만 원과 대출을 합쳐 역사가 개통되기 전 농지를 구입했다. 그 후 역세권이 되면서 10배 수익을 올리게 된 것이다. L씨는 이천시의 개발 호재를 보고 구입한 금액의 5배를 줘도 팔지 않겠다고 말했다.

당신은 어떤 재테크를 하고 있는가? 아직 재테크에 대해 막연하다면, 보통 예금, 적금을 들고 있을 것이라 생각이 든다. 그렇게 돈을 모아 재테크에 필요한 종잣돈을 준비하고 결혼할 때에 그 돈과 대출금을 받아 결혼하여 집을 마련하는 것이 목표의 대부분일 것이다. 나 역시도 재테크에 대해 아무것도 모를 때는 어떻게 돈이 커지는지, 돈이 돈을 부른다는 말을 그저 남의 이야기로만 생각했었다.

당신도 꿈이 있지 않은가? 얼마나 부자가 되고 싶은가? 이걸 수치로 바꿔보기 바란다. 나 같은 경우엔 경기도권에 한 20억 원 정도 되는 아파트를 꿈꿨다. 개인 서재와 잔디밭에서 바비큐도 해먹을 수 있는 집에서 자녀 2명을 키우고 벤츠 정도 되는 차를 몰며 세계여행을 꿈꿨다. 하지만 내가 받는 300만 원의 월급을 얼마나 모아야 저 꿈을 이룰 수 있을지 생각해보니 전혀 끝이 보이지 않았다. 그래서 재테크와 부자를 공부하게 된 것이다.

"국토교통부 산하 공공기관에서 택지 개발, 도로 개설 등에 따라 최근 5년간 지급한 토지보상비가 22조 원인 것으로 나타났다. 이 기간 풀린 토지보상금으로 개인이 보상받은 금액은 최대 244억 원에 달했다."

– "토지보상금 244억…'돈벼락' 맞은 경기도 땅부자", 〈디지털타임즈〉, 2019.10.21.

부자들은 어떻게 돈을 벌었을까? 위의 사례처럼 일순간에 가지고 있던 땅이 갑자기 운이 터서 보상을 엄청나게 받고 벼락 졸부가 될 수도 있겠지만, 우리는 그렇지 않다. 그래서 당신은 소유하고 있는가? 대한민국 토지를? 나 역시도 가지고 있지 않았지만 이제는 더 가지고 싶다는 생각을 한다. 하지만 어떻게 종잣돈을 만들고 어떻게 투자를 해야 할까? 이런 고민에서부터 시작해서 일단 관심을 가지기 시작했다면 당신은 남들보다 미래에 부자가 될 확률이 올라갔다. 우리 주위의 대다수 사람들은 재테크에 관심이 없거나 그럴 여유가 없다고 생각하고 포기하기 때문이다. 정보에 귀 기울여라. 당장 투자할 종잣돈이 없더라도.

나는 보험을 해약하고 토지에 투자한다

보험에 들어간 종잣돈을 찾아라

당신은 건강한가? 지금 당장 이 책을 읽고 있는 당신이 병실에 누워 있다든지 아니면 집안 내력으로 인해 불안한 미래가 올 가능성이 있다면 보험은 필수적이다. 암 치료 비용과 완치 판정까지 드는 금액은 상상을 초월하기 때문이다. 그래서 요즘 다들 암의 위험성에 대한 광고가 많으며 홈쇼핑서조차 보험을 판매하고 있다.

건강해야 미래를 위한 상상을 하고 돈을 벌 수 있지 않겠는가? 건강이 안 좋다면 당연히 건강에 신경 써야 한다. 건강이 먼저고 그 다음에 미래가 있는 것이다. 대기업의 회장님이든 돈을 벌기 위해 많은 시간과 몸을 혹사시키는 우리들이든, 미래의 행복을 위해 돈을 벌었지만, 건강하지 못하다면 행복하지 않다. 다시 건강을 회복하기 위해 돈을 써야만 하는 것이다. 그렇기 때문에 더욱더 빠르게 부자가 되어야 한다. 건강에 문제가 생기기 전에, 혹은 문제가 생겨도 부자가 되어서 돈 걱정을 하지 않게 되기 위해서, 내가 가진 환경에서 가장 빠르게 부자가 되는 법은 무엇인지 생각해보고 움직여야 한다.

미래 당신의 꿈은 무엇인가? 세계여행도 다니고 좋은 집에 살고 좋은 차를 타는 생활을 유지하기 위해 돈을 벌지 않는가? 우리는 누구나 시간적 · 경제적 자유가 있는 삶을 꿈꾼다. 매달 월급을 열심히 받아서 다음 달 보험비로 지출되는 금액이 얼마나 될까? 나는 150만 원씩 넣고 있었다. 이뻔이겠는가? 우리는 매월 통장을 스쳐 지나가는 월급들을 보고 있다. 다른 부분에서도 절약이 필요할 것이다. 그래야 미래를 위한 준비를 할 수 있기 때문이다.

통신비에 월세에 교통비에 식대 등, 물가는 계속 오르지만 월급은 오르지 않는 현실에서, 우리는 다음 달 카드 값을 걱정해 회사를 그만두질 못하며 미래를 위한 준비조차 못하고 있지 않는가? 나는 보험을 해약했다. 미래도 없고 물가상승률도 무시하는 나의 월급 안에서 모아둔 종잣돈이 없었기 때문이다. 매달 스치는 월급을 보며 암울한 미래를 걱정하던 때, 유튜브에서 경매의 달인이라 불리는 안정일이란 사람의 방송을 봤다. 3,000만 원으로 시작해 그때 당시 집 30채를 보유하고 있는 분이었다. 요즘에는 유튜브에 경매 관련 방송이나 경매로 부자된 분들의 방송이 많다.

당신은 얼마만큼 부자가 되고 싶은가?

경매를 통해서 나도 안정일 님처럼 부자가 될 수 있을까, 그렇다면 어떻게 준비를 해야 할까. 난 출퇴근 시간을 이용해 안정일 님의 방송을 보며 공부했다. 그 좋아하던 사람 만나는 시간도 줄이고 술도 멀리하면서 말이다. 뭐 사실 술은 별로 좋아하지 않았지만. 요즘엔 서점에도 부자가 되기 위한 경매 책과 재테크 방법을 말하는 책들이 많이 나오고 있다.

재테크 책들에 관심을 가지고 있다면 책을 만나라. 부자들은 책을 가까이한다. 100% 팩트가 아니어도 관심이 있어야 그 많은 책들에 쌓여 있는 정보 중에서 진실을 알게 될 것이다. 나는 보험에 많은 돈을 넣어놓고 있었기 때문에 4,000~5,000만 원 정도의 해약환급금이 나왔다. 난 실비보험을 제외하고 모조리 해약했다. 보험회사에서 항상 나에게 했던 말이 있다. 불안정한 미래를 위한 결혼 준비 자금과 종잣돈 마련을 보험을 통해 준비하는 게 안정적이지 않겠냐고. 하지만 정말로 보험으로 결혼과 안정된 미래를 보장받을 수 있을까 하는 의문이 생겼다. 이대로 괜찮을까? 당신의 미래는 괜찮은가?

당신이 진정 원하는 삶이 무엇인지 생각해보길 바란다. 그러기 위해 필요 이상의 돈이 지출되고 있는지 확인해보기를 바란다. 내가 죽었을 때나 미래에 닥칠 불행한 일을 대비하기 위해 만들어진 것이 보험인데, 사실은 그 보험 때문에 내 현실적인 생활과 미래를 위한 준비를 할 수 없는 것이 아이러니하다.

정말 보험은 필요하다. 특히 할아버지나 아버지에게서 내려오는 집안 병력이 있는 사람이라면, 보험을 드는 것이 훨씬 이득이다. 하지만 그렇지 않다면 정말 필요한 보험만을 가져가고 남은 돈은 미래를 위해 조금 투자해볼 수 있지 않을까? 나처럼 보험을 실비만 빼고 해약을 하라고는 하지 않는다. 다만 불필요한 보험이 있을 수도 있으니 한번 점검해보길 바라며 그 행동을 통해 여유 자본이 생긴다면 보다 더 여유를 가지며 경제 활동을 할 수도 있고, 미래를 위한 종잣돈 마련에도 조금은 여유가 생기지 않을까 생각한다.

난 보험을 해약한 돈으로 내 순수 자산을 증식시키기 위해 음주가무를 즐기는 시간을 줄이고 경매 공부를 하고 부자들에게 관심을 가져 부자가 되기 위한 시간에 투자하기 위해 노력하고 있다. 힘들게 만든 종잣돈이 아닌가? 더 적은 자산으로 더 크게 더 안정적으로 수익을 높여야 한다. 경매 또한 엄청난 메리트가 있다. 내가 토지를 몰랐다면, 토지에 대한 가치를 더 늦게 알았더라면, 대출 제한이 심해진 요즘에도 난 아직도 경매를 하고 있을 것이다. 부동산도 부동산 나름이다.

우리에겐 시간과 종잣돈이 필요하다. 1억 원을 모아서 투자한다? 이건 잘못된 생각일 수 있다. 종잣돈은 물론 필요하지만, 1억 원까지 모으는 시간보다 1억 원을 모으는 동안 공부를 해서 나를 기다려 주지 않는 토지에 투자하여 5,000만 원이 1억 원이 되고 더 높아지는 현실이 있다는 걸 아는 게 더 중요하다는 걸 깨닫기를 바란다. 토지는 안전하며 입지에 따라서는 20배, 100배 이상의 수익을 얻을 수도 있다. 부자들에게는 5,000만 원이 적을지도 모르지만 33살의 나에겐 큰돈이었다.

당신이 지금 당장 종잣돈을 마련한다면 나보다 더 많거나 혹은 2,000만 원이나 3,000만 원 정도의 돈을 마련할 수 있을지 모르겠다. 우리에겐 그 돈이 희망이며 정말 소중한 종잣돈이 아닌가? 월급을 받을 수 없는 노인들이 정년퇴직한 후 자녀에게 짐이 되지 않으려 소중한 퇴직금으로 보통 오피스텔에 투자하는 추세였고 아직 많이들 하고 있다.

정말 중요한 건 미래를 위해서 어렵게 모은 내 종잣돈이 내 가족의 희망과 나의 미래를 책임져줄 수 있는 곳에 투자되게끔 해야 하는데 본인 스스로가 투자에 대해 모른다면, 공부를 하고 미래를 준비해야 한다. 당신에게 현재 종잣돈이 없다면 현금으로 만들 수 있는 자산을 머릿속으로 그려보라! 그리고 실행하라! 당신이 모을 수 있고 가용할 수 있는 모든 금액을 재테크에 투자하라. 주식에 타고 났다면 그곳에라도 투자하라. 당신의 미래를 책임져주지 않는 회사에 이별을 고하고 자유롭게 살기 위해 지금 당장 자신의 재정 상태를 파악해보고 미래를 위한 재테크를 공부하는 시간을 가지길 바란다.

나는 부자가 되기 위해 보험을 해지했다. 나에게 희망을 주는 건 '부자가 되면 몸이 아파도 돈을 걱정할까?'이다. 풍요롭고 행복한 경제적 자유를 얻기 위해서 내 모든 것을 걸고 재테크를 결정했다. 그리고 그 돈은 지금 가장 안전한 역세권의 토지에 들어가 있다. 역세권 토지 국토개발 안에서는 토지의 입지가 모든 것을 이야기한다. 투자는 원금에 대한 안정성과 환금성 그리고 수익성을 보고 해야 하는 게 정설이다. 자신에 맞게끔 투자를 하겠지만 안정성과 환금성, 수익성을 다 갖춘 재테크가 역세권 토지 투자이다.

토지 투자, 원 포인트 레슨! ①

투자 가치가 최고인 땅은 어떤 땅일까?

토지의 가치는 입지와 용적률에 따라 달라진다. 신설 역세권의 토지는 용적률 1,500%로 인해서 가장 높은 상가빌딩을 올릴 수 있으므로 최고의 가치를 가진다고 말할 수 있다. 만약 건폐율을 제외하고 100평의 토지를 소유하고 있고, 최고 용적률이 1,500%라고 했을 때 15층의 빌딩을 세울 수 있다. 건폐율과 용적률에 대해서 알고 있어야 한다.

- 건폐율 = (건축 면적/대지 면적)×100
- 용적률 = (연면적/대지 면적)×100

건물보다 땅을 사야 하는 이유!

땅값이 오르는 속도, 건물과 비교를 거부한다

최근 GTX 소식에 많이들 관심을 가지며 떠들썩했다. 재테크를 모르는 사람도 이런 호재에 대해서는 뉴스를 통하거나, 어느 장소에 가든 주위에서 들릴 법한 이야기이기 때문이다. 집값은 우리 모두의 관심사이지 않을까? 최근 GTX 라인 중 A라인은 착공에 들어갔다. 그리고 다른 GTX 라인에 대해서도 어느 곳에 생기는지 이미 결정이 났으며, GTX D라인까지도 추가로 국토교통부에서 계획 중이다.

이렇게 GTX에 관심이 높아지면서 사람들이 집값에도 더 큰 관심을 가지게 되었다. 아직 착공도 안 했지만, 집값이 오른다.

왜냐하면 SOC 사업이란 국민의 세금으로 국민의 편의를 위해서 만들어지는 것들이기 때문에 집값을 올려준다는 확신을 가질 수 있기 때문이다. 돈이 있는 부자의 경우는 GTX 라인을 따라서 투자를 하거나 GTX가 새로 확정될 만한 곳에 투자를 한다. GTX A라인은 현재 착공에 들어갔다. 얼마나 올랐을까? 착공 전에도 꾸준히 오르고 있었지만, 2015년 입주한 동탄역의 경우는 2017년 6억2,000만 원하던 아파트가 2020년 현재 8억8,000만 원으로, 2019년 입주한 킨텍스역은 2017년 4억9,000만 원이 2020년 현재 7억6,000만 원이 되었다.

땅값이 오르는 속도, 건물과 비교를 거부한다! 아파트는 보통 25평(전용평수)일 경우 대지 지분이 10평 내외인 경우가 대부분이다. 아파트의 이름값도 있겠지만 역세권인 경우 이 아파트 밑에 대지 지분의 가격이 중요하다. 광명역 KTX 역세권의 상업지구 가격은 7,000~8,000만 원 정도이며 44평형 아파트의 경우 8억~9억 원 정도이다.

그러나 최근 천안 아산역이 연결된다는 소식으로 인해 상업지구 상권의 평당 가격은 내년엔 1억 원까지 갈 것으로 예상된다. 그 소식은 9억 아파트가 13억 원으로 올라오고 있게 만들었다. 평당 시세가 270만 원에서 3,500만 원 정도라고 보면 된다.

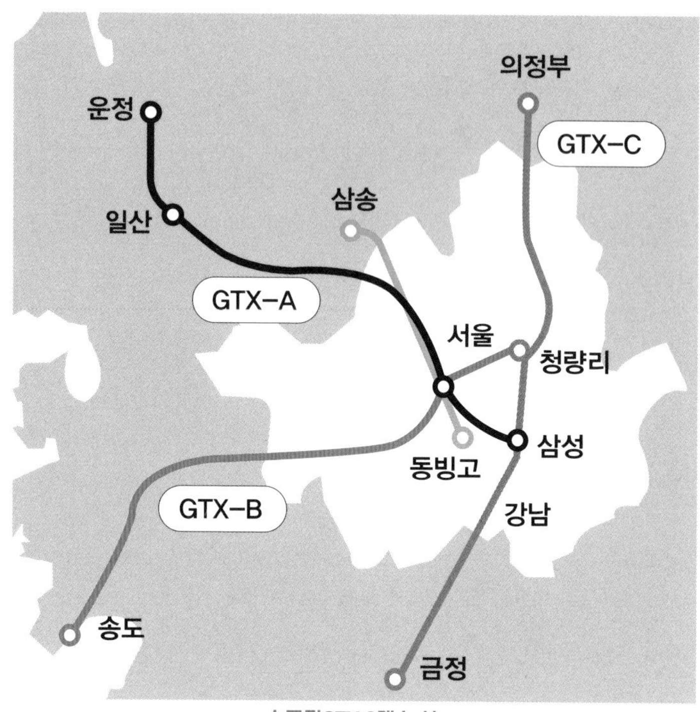

수도권GTX 3개 노선

GTX B와 C라인의 경우는 착공하기 전인데도 불구하고 적게는 1억5,000만 원이 올랐는데, 2013년 입주한 청량리역의 경우에는 2015년 5억5,000만 원이 10억3,000만 원으로 뛰었다. 이렇게 교통 호재로 인해서 공사를 하지도 않은 곳에 집값이 들썩인다. 집값이 들썩인다는 건 아파트 밑의 땅에 대한 입지가 높아졌기 때문이다. 아파트뿐만이 아닌 GTX가 들어서는 곳은 상업 지구로, 가격이 아파트와는 비교가 안 될 정도로 치솟을 것이다.

교통이 편리해졌기 때문에 그곳을 사람들이 더 많이 이용할 수 있으며, 시간을 절약할 수 있게 되는 것이다. 똑같은 24시간이지만 교통이 편리해서 버려지는 시간을 최소화할 수 있기 때문이다. 그래서 역세권의 GTX 라인인 역세권을 따라서 주거지들과 상권의 입지가 좋아졌기 때문에 가격을 뛰게 만드는 것이다.

예전에 살았던 가정 오5거리란 곳이 있다. 인천 서구 중에서도 발전이 늦어지던 곳이었지만, 최근 인천 지하철 2호선(가정 루원시티)역이 들어오고, 부평구청역이 종점역이던 7호선이 석남역(2020년 완공)을 지나서 가정 루원시티를 지나 청라까지 연장될 계획에 큰 대기업들인 우미, 대성, SK 등이 건물을 지으면서 최근 활발하게 개발되고 있다. 최근 매물 가격으로는 가정 루원시티역 근처는 5억 원을 바라보고 있을 정도로 예전의 모습을 상상조차 할 수 없다. 이런 가격이 형성된 데에는 교통의 호재 때문임을 아무도 부정할 수 없을 것이다.

교통의 호재에 따라 근처의 인구가 편하게 이동을 하고 사람이 많이 오가는 곳이 되어서 발전하게 되는 것이다. 현재 석남역 부근은 도시재생과 맞물려 낡았던 건물들이 새롭게 도시의 모습을 갖추기 위해 변화를 하고 있다. 나 역시 석남역이 들어온다는 소식을 본격적으로 경매 공부를 시작하기 전, 투자를 위해 가장 먼저 알아본 지역이기도 하다.

매주 직장을 다니면서도 석남에 있는 저평가된 빌라들을 살펴보려 주말엔 임장(현장을 조사하는 일)을 다니면서 석남역 근처의 매물을 조사했었다. 결과는 아쉽게 매번 떨어졌다.

독학으로 하는 경매에서 많은 부분의 디테일한 부분을 놓치고 있었기 때문이기도 하지만, 이미 투자 가치가 높은 입지이기 때문에 개인뿐만 아닌 많은 경매회사들도 입찰을 들어왔다. 분명 낙찰 받을 수 있는 기회가 있었지만 아쉽게 놓친 기억에 지금도 아쉽게 생각하고 있다.

땅은 변하지 않는 최고의 부동산이다!

경매에는 토지도 있고 상가와 빌라, 아파트 그리고 오피스텔 등, 많은 부동산들이 있다. 목적에 따라서 입찰을 들어가고 임대를 놓을 것인지 아니면 빠른 시세 차익을 얻고 매도를 할 것인지 결정해야 한다. 거기에 재건축을 목적으로 각자 미래를 어떻게 설계하느냐에 따라 부동산 경매에 어떤 물건을 가져갈 것인지 방향도 세울 수 있다. 길게 보유할 목적이라면 건물이 지어진 뒤 40년이 지나야 재건축이 가능하고, 그때 대지 면적에 대해서 재평가를 받게 된다. 따라서 대지 지분이 가장 중요하다.

낙찰 받았던 아파트의 경우엔 대지 면적이 10평, 건물 면적이 33평이었다. 어떤 부동산의 경우엔 건물 면적보다 대지 면적이 더 넓기도 하다.

경매를 할 때 입지도 중요한 부분이지만, 부동산의 토지 면적 또한 매우 중요하다. 재건축이 될 경우엔 건물에 대한 면적보다 토지 면적이 보상의 가격을 결정하기 때문이다. 그래서 나의 경우엔 토지 면적을 많이 가지고 있는 부동산에 메리트를 많이 느꼈다. 재건축이 될 경우 많은 보상을 받을 수 있기에 낡아서 재건축이 가능한 부동산을 중점으로 보았다.

낙찰 받았던 또 다른 빌라의 경우에는 전용평수가 15.5평이었던 것에 반해 토지 면적이 10평이어서 거의 전용 평수의 70%에 육박했다. 보통 빌라의 경우에는 토지 면적이 높은 경우가 높다. 거기에 지하이든 지상이든 차이가 없이 토지 면적을 가지고 가는데 지상1층과 지하 빌라의 경우 가격 차이가 크다. 경매에서도 차이가 크며 경매 초보의 경우 지하 물건은 조사도 쉽지 않으며 꺼려하는 물건이다. 하지만 가격적인 메리트가 재건축이 들어갈 경우 1층의 빌라와 지하의 빌라는 같은 취급을 받는다.

지금 생각해보면 모두가 알게 될 땐 이미 늦었다는 것이다. 평소 관심을 많이 가지지 않으면 우리가 캐치하는 정보는 이미 늦은 경우가 많다. 남들보다 더 먼저 정보에 관심을 가지고 움직였더라면, 몰리기 전에 더 좋은 조건으로 투자에 도전하여 좋은 결과를 만들었을 것이라 생각한다. 후회해도 소용없다. 이미 결과는 나왔고 교훈을 얻었으면 되었다. 정보가 힘이며, 많은 정보를 알수록 남들보다 앞서서 나갈 수 있다.

부동산 경매에도 나타나듯이 토지가 가지는 중요성은 매우 크다. 토지는 한정적이어도 아파트나 빌딩은 아주 높이 지을 수 있기 때문이다. 내가 토지를 가지고 있고 그 입지가 높은 건물을 지을 수 있는 곳이라면, 특히 역세권 내의 토지라면 나의 수익률은 일반 토지와는 비교가 안 될 정도로 메리트를 가지고 있는 것이다. 토지는 이처럼 최고의 희소성을 가지는 부동산의 원재료인 것이다.

이처럼 희소성을 가지는 토지의 입지에 따라서 3시간 안에 지방의 사람들이 서울로 오는, 사람들을 잇는 공간이 될 수 있다. 그러면 많은 사람들이 모이는 장소에 상권과 편의시설과 즐길 수 있는 문화공간까지 만들어진다. 점점 더 지방과의 거리가 가까워지고 있다.

땅은 변하지 않는 최고의 부동산이다! 부동산의 투자 원리는 지극히 명확하고 간단하다. 미래 토지의 가격을 전망하는 것으로, 시간이 지나면 하락하는 화폐 가치에 따라 토지의 가격은 점진적으로 상승한다. 하지만 결국 투자의 핵심은 남들보다 높은 수익률을 가져가는 것이다. 그럼 땅값이 어느 경우에 가장 많이 오를까? 바로 공공자금이 토지에 투입될 때이다. 일단 그렇게 오른 가격은 하락하지 않는다. 공공자금 중에 가장 확실한 것이 철도 라인이다. 현재 광역철도망을 중심으로 재편까지 하고 있다.

재테크, 관점의 차이가 부자를 만들다

예적금은 재테크가 아니다

예금과 적금은 재테크가 아니다! 초저금리 시대란 말이 이제 익숙한 때가 되었다. 보통 재테크에 대해서 아무것도 모를 때, 욜로족이 아닌 이상 미래를 위한 저축은 조금씩 하고 있다. 단순한 저축보다는 예금과 적금이 금리가 더 좋기 때문에 비교해본 후, 더 많은 금리를 주는 적금을 찾아서 하고 있다. 예적금의 장점으로는 원금손실이 없고 환금성이 나쁘지 않다는 것이지만, 단점은 수익률이 극히 적다는 점이다.

만약 당신에게 종잣돈으로 만든 1,200만 원이 있는 상태에서 재테크로 늘리기 위해 집근처 은행에 가서 한창 광고를 열심히 하고 있는 적금의 특판 금리 4%를 보고 가입을 했다고 생각해보자. 하지만 만기가 되었을 때 사실상 내가 돌려받을 수 있는 금액은 내가 상상했던 금액과 많이 다를 것이다. 왜 그럴까? 그것은 100만 원씩 12개월을 기준으로 처음 달엔 4%를 받지만 그 다음 달에는 11개월에 대한 4%를 받게 되는 시스템이기 때문이다.

이런 식으로 달이 줄어들수록 점점 금리가 적어지기 때문에 당신이 실제로 받는 금액은 당신이 생각했던 것과 다른 것이다. 거기에 이자 소득세까지 하면 당신이 생각했던 금액보다 적게 받게 될 것이다. 차라리 예금의 경우는 그나마 낫다. 1,200만 원을 2.5% 이율의 예금에 1년 동안 넣는다고 생각하면 위의 적금보다 더 많은 금리를 받아가게 될 것이다.

한 가지 유념해야 할 점은 잔액이 5,000만 원을 넘지 않는 게 좋다는 것이다. 예금자 보호법에 따라 한 금융기관에서 원금과 이자를 포함해 1인당 5,000만 원까지는 보장을 해주기 때문이다. 재테크에 대한 공부를 해 보니 재테크에 대해서 잘 모르는 상태에서 종잣돈을 마련하려면 그나마 가장 안전한 것이 적금이기 때문에 다들 하고 있는 게 아닌가, 하는 생각이 들었다. 설마 예금과 적금으로 부자가 될 생각을 하는 사람은 없을 거라고 생각한다. 당신이 지금 미래를 위해 예금 혹은 적금을 붓고 있는 것은 잘 하고 있는 것이다. 원금을 잃지 않으면서도 미래를 위한 준비를 나름대로 하고 있는 것이기 때문이다. 그리고 이제 부자가 되기 위해서 모인 예금과 적금으로 투자를 해야 할 시기이다.

"돈이 돈을 부른다." 큰돈이 큰돈을 버는 법이다. 그러니 예금, 적금을 모으는 것은 준비단계이고 이제 제대로 된 재테크를 할 필요가 있다. 그것이 주식이든 부동산이든 말이다. 금융 상품도 종류가 여러 가지이며 부동산도 종류가 많다.

자신의 성향과 각 재테크들의 장단점을 알고서 시작하자. 예금과 적금에 대한 장단점은 앞에서 이야기했고, 주식은 일반적으로 높은 수익률을 자랑한다. 1,000%의 수익도 올리는 경우가 있으니 말이다. 유튜브에 삼성 바이오 주식 1,500%의 수익이라는 자극적인 주제도 있다. 확실히 매력적이다. 그러나 재테크에서 주식은 안정성이 떨어진다. 앞서 이야기했듯이 재테크엔 안정성, 수익성, 환금성이 있지만, 주식의 경우는 수익성과 환금성이 좋다. 그래서 원금을 잃을 가능성도 큰 것이다.

경매를 공부하면서 주식에 대한 관심도 조금 생겨 주식도 해보았다. 그러나 내 성향과는 잘 맞지 않았다. 처음엔 괜찮았다. 별로 신경을 쓰지 않고 본업에 집중을 하면서 하루에 한번 퇴근 시간에 확인하는 것이 다였다. 그러나 안 좋은 소식들이 들려오면서 내가 가지고 있는 주식이 요동치기 시작했다. 점점 더 핸드폰을 확인하는 시간이 늘어나고 집중을 해야 하는 직업인 컨셉 디자이너로서 집중이 안 되었다.

나뿐만이 아니었다. 주위를 둘러보면 대중교통을 이용하면서 주식창을 열어서 보면서 신경 쓰는 사람들과 친구들 모두 같은 모습이었다. 사람이라 그렇겠지만 자신이 투자한 돈이 휴지조각이 되어가는 모습에 안정을 찾으며 일할 사람이 얼마나 되겠는가?

내가 회사에서 경제활동을 위해 일하는 동안 주식은 글로벌 경제의 상황에 따라서 휘청휘청한다. 미국에서 한마디하고 북한이 한마디할 때마다 당신의 주식은 휘청거릴 수 있다. 한마디로 컨트롤하기 힘들며 많은 신경을 써야만 한다는 것이다. 내가 하고 싶은 말은 내가 컨트롤할 수가 없는 게 주식이라는 말이다. 어떤 자산이든 내가 컨트롤할 수 있어야 온전한 나의 자산이 아닌가? 나는 오로지 내 의지로 컨트롤할 수 있는 재테크를 해야 한다고 생각한다.

비트코인도 마찬가지다. 주식과는 다르지만 최근 지인들이 비트코인 때문에 피해를 많이 봤다. K씨는 유명한 대기업에 다니는데 비트코인이 한창 호황일 때를 생각하며 대출까지 받아 투자를 하였지만 오히려 손실을 많이 보았다. 같이 일했던 A군도 큰돈은 아니지만 비트코인에 희망을 걸어서 500만 원을 넣었다가 손해만 보았다.

적게는 300만 원부터 많게는 7천만 원까지 다들 대박 로또만 생각하며 나도 해볼까 하는 생각에 비트코인에 투자한 것이다. 초창기 비트코인 때에 투자한 사람들을 많은 졸부로 만들어주었다. 그리고 새로운 비트코인이 생겨나지만, 비트코인에 대해 공부하고 투자를 해야 한다.

원금 손실 없는 최고의 재테크는 토지다

원금 손실 없는 최고의 재테크가 있을까? 안정성과 수익성, 환금성도 같이 가져가는 재테크는 없을까? 나는 그것이 역세권 토지 재테크라 생각한다. 국가개발 SOC 사업에 따라 농지의 용도가 변경되면 원금이 내려갈 일 없이, 올라가기만 한다. 하나의 신도시 개발이 들어가면 50~60년은 올라간다고 본다.

경제는 항상 리듬을 타면서 10년의 주기로 불황이 찾아온다고 많은 책에서 경제학자들이 이야기하고 있다. 우리나라도 두 번의 경제 위기를 겪었으며 불황의 시기에 많은 부동산 건물들이 미친 듯이 싸게 매물로 나올 때가 많았다. '위기'란 단어는 위험할 '위'(危)에 기회 '기'(機)의 두 글자가 모여서 만들어진 단어이다.

위험할 때에 베팅을 하여 부를 축적한 사람들이 많다. 이 모습을 잘 표현한 한국 영화 중에 유아인 주연의 〈국가부도의 날〉이 있다. 거기에 보면 대한민국 최고의 경제 호황이라고 믿었던 1997년에 경제 위기가 올

것을 한 발 먼저 예측한 극 중 '윤정학(유아인)'은 국가부도의 날에 위기를 기회로 잡아 공격적인 투자로 위기에 베팅을 하여 엄청난 부를 축적하는 모습을 보여준다. 재테크 관점의 차이가 부자를 만든 것이다.

이때에 많은 건물들이 급매로 나오고 가격이 하락을 하였으나 땅은 달랐다. 오히려 반대로 가격이 오르는 곳들도 있었다. 부동산의 땅은 불황이 없이 지나가버린 것이다. 109개월째 땅값은 상승 중인 것이다. 안전한 자산이 필요하고 그 자산을 이용해 수익형 부동산도 가지게 될 수 있다면 알아볼 만한 가치가 있지 않을까? 아마 그런 재테크가 있는지 모르거나 혹은 재테크는 머리 아프고 나와는 관계없다고 생각해버리고 포기하는 것일지도 모른다.

매일 똑같은 생활을 하면서 달라질 내일을 기대하는 건 그냥 허상에 불과하지 않을까? 보다 나은 내일의 삶을 원한다면 오늘 하루 단 1분의 긍정적인 생각으로 미래를 위한 시간에 투자하는 것이 필요하다.

2020년 경제 위기가 온다는 말이 심심찮게 각종매체에서 흘러나와 불안감을 조성하고 있고, 폭탄 돌리기라는 말과 함께 대기업들과 연예인들이 부동산들을 정리하고 있는 시점에서 다시 또 한 번 경제 위기가 올 것이라고 많은 사람들이 예측하고 있는 것이다. 어떤 사람들은 집값이 또 오를 것이라고 생각하고 집을 사는 사람들도 있다. 대출을 줄이고 현금을 보유하여 경제 위기 때 오는 부동산의 급매들을 잡아서 지금 또다시 부의 흐름을 내 편으로 만들어 신분을 바꿀 수 있는 기회일지도 모른다. 재테크 관점의 차이가 부자를 만든다. 건물만 사모을 것이 아니라, 예금 적금만 들것이 아니라 최고의 희소성을 가진 건물 밑의 원형지인 땅에 관심을 가져보는 건 어떨까?

남들보다 한발 더 빨리 움직이는 부자들

부자는 선택하는 것이다

우리 모두 부자든 일반인이든 똑같이 가지고 있는 것이 있다. 바로 시간이다. 시간의 가치는 정말 중요하다. 인생은 BCD라고 알고 있는가? B(birth) 탄생과 C(choice) 선택, 그리고 D(death) 죽음이다. 지금 우리의 모습은 어떤 가정에서 태어났는지에서도 영향을 받았지만 매번 이뤄지는 순간의 선택이 현재의 우리를 만든 것이다.

TV를 보지 않고 최선을 다해 공부를 했더라면? 나도 어쩌면 수능 성적으로 더 좋은 대학교에 가고 장학금도 받으며, 다른 인생을 살았을지도 모르지만 난 그림을 그리기로 결정했었고, 그림을 통해서 대학교를 갔다. 물론 집에서 반대가 심했다.

그때 당시 나는 정보통신학교라는 공업계 고등학교에서 전망 좋은 과를 전공하고 있었고, 내신 성적도 나쁘지 않았었으나, 중학교 시절부터 그림을 좋아했던 나는 고3 여름을 기점으로 본격적으로 미술학원을 다니면서 '뎃생'이란 걸 시작했다. 집안의 반대에도 불구하고 미대를 목표로 6개월 동안 그림을 그렸고 결과적으로 미대에 입학을 하게 됐다.

집안 형편이 넉넉지 못했던 때라 부모님께서는 돈이 많이 드는 미대를 포기하길 바라셨다. 그래서 나는 수능보다는 내신 성적을 중점적으로 보고 그림 실력으로 학생을 선발하는 국립대학을 선택했다. 고등학교 3학년 하반기를 매일 같이 12시간씩 그림을 그리며 버스를 두 번 갈아타고 항상 종점에 내려 집까지 걸어갔다. 쌍코피를 심심치 않게 흘렸지만 그건 나의 결정이었던 만큼 열심히 했고, 내가 정말 자랑스러웠다.

2019년 수능시험을 치른 학생들 중 만점자 '송영준' 군은 사교육이 많은 비중을 차지하고 있는 현실에서 사교육의 도움 없이 만점을 받았다. 그는 127명 중 126등으로 외고에 사회적 배려 대상자로 입학했는데, 그 후에도 가정형편이 어려워 특성화고로 전학을 가야하나 고민을 했던 것으로 알려졌다.

그는 만점을 받기로 결심했고 꾸준히, 충분히 노력하면 그만큼의 좋은 결과가 나올 것이라 믿었기 때문에 사교육을 받지 않았다는 불안감은 없었다고 이야기했다.

매일 망설이기만 하면서 우리는 무엇을 선택하고 있는가 생각해보자. 현실이 힘드니까 술 한잔으로 하루를 마무리하고, 오늘 할 일을 내일로 미루며, 어려운 내 형편에 재테크는 사치라고 생각하고 보내고 있지 않은지 생각해본 적이 있는가?

요즘 시대에는 마음만 먹는다면 재테크 공부에 대한 정보를 정말 많은 곳에서 찾을 수 있다. 도서관에도 이미 재테크에 관련된 입문 서적들이 많으며, 유튜브에서도 많은 유튜버들이 재테크에 대한 정보를 제공하고 있어 공부를 쉽게 할 수 있는 때이다.

어느 유튜버의 말을 인용하자면 지금이 가장 돈을 벌기 쉬운 때이다. 정보화 시대를 거쳐 웰니스 시대가 다가오는 지금, 아직도 정보를 보지도 않고 미래에 대한 대책이 있지도 않으면서 하루하루 살아가기에 바쁘지 않은가? 우리는 통장을 스쳐가는 월급으로 갚아야 하는 카드 값과 공과금들 때문에 돈의 노예가 된 것만 같다.

투자할 종잣돈이 없어서 재테크 공부를 하지 않는 것이라면 거꾸로 생각해보자. 당신이 매주 또는 가끔 인생 역전을 위해 로또를 사는데 당첨이 되었다고 치자! 정말로 좋은 일이 아닐 수 없다. 하지만 이렇게 쉽게 들어온 20억 원의 돈을 어떻게 쓰는 게 좋을지 금방 알긴 어렵다. 20억 원을 쥐어본 사람만이 알맞게 쓸 수 있는 것이다. 갑자기 쉽게 들어온 돈은 쉽게 나갈 수 있는 법이다. 그 돈이 쉽게 나가지 않게 하려면 어떤 준비를 해야 할까?

당신이 조금씩 어렵게 모아 만든 종잣돈은 정말로 당신에게 소중하게 쓰여져 부자로 만들거나 혹은 조금 더 여유로운 삶을 살기 위해서 모은 것이지 않은가? 그런 돈을 쉽게 탕진해버릴 수 없지 않은가? 그렇기 때문에 당신의 종잣돈은 소중하다. 종잣돈이 생겼을 때 올바른 투자 방향을 알기 위해서 투자 공부에 시간을 쏟아야 하는 것이다.

재테크 모임에 나가거나 유튜브 시청이라도 하고 있는가? 부자들은 이미 부자임에도 더 많은 투자 정보를 얻기 위해 귀를 기울인다. 특히 자수성가한 부자들은 대대손손 그 부를 유지하여 자손들이 자신처럼 힘든 과거를 되풀이 하지 않고 편하게 살게 하기 위해서 노력한다. 당신은 부자인가? 그렇지 않다면 부자가 되기 위해서 무엇을 배워야 할지, 지금 당장 할 수 있는 일이 무엇인지 당신의 미래를 위해서 생각해보기 바란다.

땅테크에 관심이 있는 사람이라면 하루라도 빠른 시작이 중요하다. 모든 재테크가 그렇지만 빨리 시작할수록 더 높은 수익을 낸다. 오늘 망설이고 다음에 결정할 때에는 이미 그 가격에는 더 이상 살 수가 없게 되고 선택의 폭이 좁아진다. 땅 자체가 없을 수도 있다. 한 아파트 단지만 보더라도 분양이 시작되는 시점에는 내가 원하는 위치의 조망과 층 등을 선택할 수 있지만, 나중에는 선택의 폭이 좁아진다. 그냥 나와 있는 매물 중에서 최선의 선택을 할 뿐이다.

땅 투자 시작, 오늘이 가장 저렴한 시점이다

내가 사고 싶었던 땅은 내일이면 없다. 예전에 나를 찾아온 고객 중에서 땅에 관심이 있었던 한 고객에게 안내를 해준 적이 있었다. 그 당시 그분은 땅테크는 처음이었고 건물 투자만 해보셨기 때문에 두려움도 컸을 것이다. 그래서 그때 안내를 받고서 다음에 오시겠다고 하셨는데 혼자서 발품을 파시면서 알아보신 듯 했다. 몇 달이 지나고 다시 오셔서 사시고 싶어 했으나 그때의 그 땅과 그 가격으로는 힘들었다. 원하는 가격이 아니자 또 다시 발걸음을 돌렸고, 몇 달이 지난 후 다시 와서 계약을 했다. 이리저리 알아보느라 시간 낭비하고 땅 가격도 오르고 입지도 달라졌다. 땅은 나를 기다려주지 않는다.

부자는 시간이 만들어준다! 먼저 할수록 빨리 부자가 된다. 언제쯤 부자가 돼서 부자를 즐기며 살 수 있을까? 유니세프에서 새롭게 지정한 청년의 나이는 65세까지이며 90세까지 중년, 90세부터 120세까지를 노인으로 지정했다. 100세 시대라는 말이 이제는 정말 실감이 나는 것이다. 의학의 발달 때문에 지금 태어나는 아이들은 145세까지 산다고 한다.

나이가 70이 되어서 부자가 된다면 나름대로 부자를 느낄 수 있을지도 모르겠지만 현실에서 30대 후반인 내겐 너무 멀게 느껴지는 게 사실이다. 제대로 즐길 수 있을까라는 생각이 들기도 한다. 토지 투자는 역세권 토지일 경우 착공이 들어간 후 10년 전후로 개발이 된다고 본다. 그러면 지금 투자를 시작하면 40대 후반의 나이에 부자가 되는 것이다. 그 정도쯤 생각하면 나쁘지 않다고 생각한다.

아무런 걱정 없이 세계여행 다니면서 세계의 풍미가 담긴 음식들을 먹어보고 좋은 것도 보면서 여유로운 삶을 살고 싶다. 재테크 공부는 빠를수록 좋다.

유대인들은 13살에 성년식을 치른다. 성년식에 참석하는 사람들은 우리의 결혼식 문화처럼 '부조금'을 내는데 친척이나 친구들은 대부분 현금으로 내고, 조부모나 아주 가까운 친지는 '유산'의 개념으로 적지 않은 금액을 물려준다. 평균 부조금은 1인당 200달러 정도이다. 보통 축하객이 200~300명 정도 오면, 친척들은 평균 부조금보다 조금 더 많은 돈을 낸다. 그러면 우리 돈으로 4,000만 원 정도 되는 큰돈이 성년 축하금으로 모인다.

13살에 이렇게 큰돈을 온전히 갖게 된 아이의 부모는 이 돈으로 자녀 이름으로 된 예금이나 채권을 산다. 이 돈은 이들이 대학을 졸업하거나 사회생활을 시작할 때 '종잣돈'으로 받게 되는데, 10년 가까이 불어난 큰

돈은 대략 우리 돈으로 1억 원 정도가 된다. 이때부터 유대인들의 본격적인 재테크가 시작된다.

이렇게 유대인들은 남들보다 한발 더 빨리 움직여 부자가 될 수 있다. 우리는 대학을 졸업하고 취직한 이후부터 비로소 돈 모으기를 시작하는 반면, 유대인들은 졸업할 때 이미 거액의 돈을 쥐는 것이다. 결국 우리들이 종잣돈 모으기를 시작하는 동안, 유대인들은 자신의 종잣돈 1억 원을 어떻게 하면 좀 더 효과적으로 굴려서 수익률을 높일까를 고민한다.

남들보다 더 빨리 부자가 되기 위해서 지금 당장 내가 할 수 있는 일을 찾아라. 종잣돈이 없다면, 재테크를 위한 공부에 시간을 투자해야 한다.

나는 집 대신 토지에 투자한다

집보다 땅이 먼저다

대한민국 보통 사람들의 꿈은 빚 없는 내 집을 마련해 안정적으로 사는 것이다. 아니면 대출을 끼고 빚 있는 아파트를 구입한 후, 그 모든 재산이 들어간 아파트의 가격이 오르길 바라면서 살아간다. 내 매형과 누나의 경우에도 젊을 때 참 열심히 일했다. 친누나가 25살 때 결혼을 했으니까 꽤 일찍 한 편에 속한다.

처음엔 수원의 작은 전원주택의 2층에 세를 들어 살던 누나 부부네 집에 베프인 친구와 함께 도배를 도와주러 갔던 기억이 난다. 그렇게 시작한 매형은 열심히 노력하여 인천에 아파트를 사고 그걸로 점점 더 재산을 불려왔다. 현재는 대출을 끼고 있지만, 송도의 5억 원 정도의 아파트에 살고 있다. 전형적인 대한민국 일반인의 재산 불리기라고 볼 수 있다.

매형은 검소하다. 담배도 피우지 않으며, 불필요한 소비도 잘 하지 않는다. 술을 한잔 하고 싶을 땐 집에서 검소하게 맥주 한잔 하는 걸로 만족한다. 악착같이 모아서 재산을 증식시켰으며 이제 초등학교 들어가는 조카들의 교육을 위해 송도로 이사를 결심하게 된 것이다.

처음엔 매형이 대단하다고 느꼈다. 그리고 대부분 그렇게들 재산을 불리기 때문에 부모님께서도 청약통장을 꼭 만들어 매달 납입하며 준비를 하라고 하셨다. 하지만 내가 버는 300만 원의 월급으로 보험비 등, 이것저것 월급을 스치고 지나가는 것들을 제하고 저금을 하였지만 미래가 보이지 않았다. 그래서 '다들 N포 세대라고 하나 보다.'라고 생각할 정도였다.

무엇을 준비해야 할까, 고민하다 유튜브를 통해 알게 된 경매의 세계에 눈을 뜨며 내가 가진 돈으로 좋은 집을 구입하기는 힘드니 경매로 집을 사서 결혼을 준비해야겠다고 생각했다. 물론 결혼할 여자는 없었지만 나중엔 하지 않을까? 그래서 포기하고 싶지 않았다. 남들이 다 포기하고 사는 동안, 현실에서 행복을 찾아 즐기면서 취미생활도 하고 클럽 같은 곳도 가고 가끔은 여행도 가는 그런 삶을 누리는 주위 친구들을 보았다. 하지만 나는 여행이나 클럽에 관심을 두지 않았다.

나에게는 사치라고 생각했다. 해외여행이든 한바탕 신나게 노는 것이든 말이다. 물론 해외여행이 나쁘다는 것이 아니다. 해외여행을 통해 새로운 세상과 마주하며 시야도 키울 수 있고 우물 안 개구리가 되지 않을 수 있기 때문이다. 왜 수도권 대학을 가라고 하겠는가? 좋은 지방대도 많지만 서울 안에서 더 많은 정보와 문화를 더 빠르게 접할 수 있는 큰 장점이 있기 때문이지 않을까?

내가 처한 현실에서 나는 해외여행에 투자하는 대신 종잣돈을 모으는 것에 집중을 했다. 남들보다 잘나가는 부자가 되는 것을 상상하기보다 평범하게 아파트 한 채 마련해 따뜻한 가정을 꾸려 떳떳한 가장이 되고 싶었다.

그러다 경매에 대한 방송을 보면서 독학을 했다. 주말에는 임장을 하고 평일에는 유튜브 방송을 통해 처음으로 재테크에 관심을 가지게 되었다. 경매를 위해서는 최소한의 금액이 필요했다. 하지만 모은 돈은 없었고 보험을 해약해야겠다는 생각을 하고 질러버렸다. 나의 보이지 않는 미래를 희망으로 바꾸는 과정이었지만 집에서 반대도 많았다. 보험을 해지해서 어쩔 생각인지 불안해하셨다.

그때부터였을까? 고등학교 때 미대를 가고 싶다고 선택한 이후로 다시 나를 위한 내 미래를 내 결단으로 선택한 것이다. 나에게 희망은 부동산 경매뿐이라는 생각으로 열심히 공부했다. 수많은 부동산 경매를 통해 부자가 된 사람들을 보며 꿈을 키웠다. 3,000만 원으로 시작해 지금은 수십 채의 집을 보유한 경매 재테크 달인들은 엄청난 부와 노하우가 있었다. 독학은 한계가 있었다. 독학으로도 운이 좋았다거나 실력이 좋아서 낙찰을 받아서 수익을 얻는 분들도 계시겠지만 말이다.

매번 법원을 갔었지만 패찰을 하고 와서 심적으로 많이 힘들었다. 주말엔 사람들과의 만남을 줄이고 가까운 인천 안의 경매 매물들을 임장을 다녔고, 바쁜 회사 일정에서도 눈치를 보며 휴가를 써서 법원을 갔으나 결실이 없었다.

재테크를 배우는 데 투자하는 것을 아까워하지 말라

언제 낙찰을 받아볼 수 있을까? 한 7번 정도 패찰을 했을 때였던 것 같다. 독학을 하고 이대로는 안 되겠다고 생각했다. 결과물이 없는 독학보단 전문가에게서 뭔가 배워야겠다는 생각을 하고 여러 경매를 가르쳐주는 학원들을 찾아봤다. 어딜 갈까 고민 끝에 한 곳을 결정했다. 500만 원이라는 수강비가 조금은 비싸다고 생각됐지만 내 미래를 위한 투자라고 결론을 내렸다.

나의 미래를 위한 투자금으로 생각하고 나의 미래가 바뀔 수 있다는 믿음으로 더 열심히 해야겠다는 결심과 함께 공부를 하고 여러 개의 경매 커리큘럼을 통해서 실력을 쌓고 그 동안 몰랐던 부분들을 더 디테일하게 배울 수 있었다. 그렇게 배운 후 결국 나는 아파트 한 채와 빌라 한 채를 낙찰 받는 데 성공했다. 회사 일과 경매 공부를 같이 한다는 것은 생각처럼 쉬운 일이 아니었으며 주말마다 독학하던 때처럼 공부를 해야 했다.

예상한 수익률과 명도를 위해 배려할 수 있는 금액을 정해 놓았으나 그대로 될 수 있을지는 알 수 없는 일이었다. 사실상 법적으로 명도에서 낙찰 받은 부동산에 거주하는 채무자 등은 낙찰자에게 이사비를 요구해도 들어줄 의무가 법적으로는 없다. 하지만 대출을 끼고 하는 경매이니만큼 대출에 대한 이자가 매달 나갈 것이며, 새로운 세입자를 받기 위해 인테리어 등에 시간이 더 걸릴 것이기 때문에 이사 비용으로 도움을 주기 위해 배려하는 부분이 있을 수도 있으나 터무니없는 금액은 수익률에 큰 타격을 줄 수 있다.

아파트 명도의 경우 이사 비용으로 1,000만 원을 요구해왔다. 어이가 없었다. 1,000만 원이라니 내가 잘못한 것도 아니고 채무자가 잘못해서 경매로 넘어온 집인데 1,000만 원을 줘야 이사를 가겠다는 것이었다. 의견을 조율하려 노력을 했으나 수익률 면에서 주지 않아도 되는 명도 비용으로 1,000만 원을 줄 수는 없는 노릇이기에 2달 동안 심적으로 스트

레스를 많이 받았다. 결국엔 강제집행으로 결정을 하고 보내야 했으나 극적으로 타협한 끝에 밀린 공과금을 처리해주는 것으로 마무리를 지을 수 있었다.

경매는 적은 돈으로 시작할 수 있으며, 시간을 들이고 노력을 하는 만큼 수익률을 높게 끌어올릴 수도 있기 때문에 미래를 위한 재테크의 한 종류로서 추천한다. 토지를 만나지 않았다면 나는 아직도 경매를 했을 것이고 앞으로도 나에게 경매를 배운 일은 큰 도움이 될 것이다. 하지만 집에 투자하는 것만으로 내가 언제 부자가 될까? 내가 생각하는 꿈과 미래를 위해선 경매만으론 힘들다는 생각을 했다. 왜냐하면 경매란 것은 소액으로도 시작할 수는 있으나 결국엔 돈이 불어나는 데는 시간이 필요하기 때문이었다.

난 빨리 부자가 되어야 했다. AI가 빠르게 발전하여 직업이 없어지는 시대에 언제까지 일을 할 수 있을지 알 수 없었고 내가 모을 수 있는 돈의 한계도 깨달았다. 그렇게 고민하던 때에 만나게 된 게 토지였다. 세미나에서 부동산 이야기로 꽃을 피우던 중 토지가 정말 막대한 수익을 준다는 걸 함께 공부하던 H가 알려주었다. 토지가 돈이 된다, 역세권 토지에 답이 있다는 것을 알려주었다.

역세권이 개발되면 농지가 용도 변경이 되면서 금액이 적게는 10배, 많게는 100배도 넘게 상승해 최고의 수익을 낼 수 있다는 현실에 눈을 뜨고 관심을 가지기 시작했다. 알지 못했던 진실이었다. 건물 부동산도 부자가 될 수 있지만, 그 본질에는 토지가 있고 토지의 입지 때문에 부자가 될 수 있다는 팩트를 접하게 된 이후로 나의 재테크는 건물에서 토지로 바뀌게 되었다.

토지 투자, 원 포인트 레슨! ②

어떤 토지가 최고의 수익률을 가져올까?

전국에 800개가 넘는 역이 있고 그 역들의 대부분은 역세권이 개발되면서 땅 가격들이 들썩거린다. 농지에서 대지로 바뀌면서 100~200만 원 하던 땅값이 1,000만 원~몇 억 원까지 오른다. 토지 투자에 최고의 입지는 역세권 토지이다. 저평가된 농지에서 대지로 바뀌고 건물이 들어서면서 최고의 수익률이 올라갈 수 있는 곳이 역세권 토지이다.

변하지 않는 부동산 그것은 땅이다!

경제 위기에도 상승하는 부동산은 토지이다

부동산에는 흐름이 있다. 우리나라는 '한강의 기적'으로 세계적으로도 유래가 없는 급속한 성장을 하면서 나라 안팎의 문제로 선진국이 되기 위한 성장통을 겪어야 했다. 봄부터 겨울까지의 계절이 있듯이 경제의 성장에도 계절이 있다. 따뜻한 경제의 시기가 오면 추운 경제의 위기가 오는 것이고, 그 위기가 지나면 또다시 봄이 찾아와서 경제가 회복되기 시작한다. 그래서 봄이 오기 전에 사서 다시 겨울이 오기 전 가을에 추수를 하는 시기가 있는 것이다.

선진국으로 가고 있는 우리나라는 경제성장의 계절에서 지금이 봄이라고 생각하는가? 아니면 겨울이라고 생각하는가? 여러 매체들에서 폭탄 돌리기 등의 발언이 나오고 2019년 말 경제 위기가 터진다며 경제학자들은 경제 위기를 대비하라고 한다.

10년 주기로 경제 위기가 몰려왔었다. 시기상으론 2020년 위기가 왔어야 했다. 이전의 한국의 경제 위기 IMF(1997년)때를 기억하는가? 그때 당시 나는 고등학생에 불과했고 경제 위기를 모르고 있었던 시기였다. 지금 생각하면 많이 어렸던 것 같다. 집이 어려운 줄도 모르고 학교를 다니고 있었는데 그때 우리나라 국민들은 금 모으기 운동을 통해서 위기를 극복해나간 것을 이제는 안다. IMF로부터 빌린 돈을 조기 상환하여 세계적 이슈가 되었다는 것을 이제는 안다.

그때 부모님들이 얼마나 힘이 드셨을지 지금의 50~60대 이상의 어른들은 뼈저리게 느낄 것이다. 그 이후 2007년, IMF 이후 10년이 지난 시기에 서브 프라임 모기지론 사태의 영향으로 우리나라의 중요한 수출국이었던 유럽, 미국, 일본 등 국가들의 상황이 어려워지면서 수출량 감소로 실업률 상승, 제조업 감소 등으로 또 다시 경제 위기를 맞이하였다.

이런 때에 부동산들은 휘청거렸다. 집을 담보로 사업을 하는 사업가들과 빌딩, 공장 등 많은 부동산 매물들이 헐값에 나오게 되었다. 사업가들이 더 이상 버틸 수도 유지할 수도 없는 현실이 되어버린 것이었다. 이때의 위기를 기회로 잡아 졸부가 된 사람들도 많았고 부자들은 더 부자가 되기도 하였다. 이런 국가의 경제 위기를 다룬 영화 〈국가부도의 날〉을 여유가 된다면 찾아보길 바란다.

이런 와중에도 가격이 오르는 부동산도 있었다. 부동산의 입지에 따라서 가격이 큰 영향을 끼치는데 경제 위기 속에서도 땅값은 내려가질 않고 오히려 상승했다. 얼마나 안전한 자산인가. 경제 위기가 와도 상승하는 부동산이 있다는 걸 대부분은 모를 것이다. 크게 상승한 곳은 있지만, 내려가는 곳은 거의 없었다. 토지의 입지로 상승한 곳들을 보면 역세권 앞의 건물들이 대부분이었다. 가격은 경제 위기 속에서도 상승한 것이다. 이것이 역세권 토지의 힘인 것이다.

강남 개발 시작은 1970년부터 시작해 올해 2020년까지 벌써 60년 동안 이어지고 있다. 강남의 땅값이 처음부터 비싼 건 아니었다. 처음에는 다 100~200만 원을 거쳤지만 현재는 많게는 한 평당 7억 원이 넘어가는 것도 있다. 영화 〈강남 1970〉을 보면 복부인(김지수)이 주인공 이민호와 함께 강남 부지의 땅들을 적은 금액으로 산 후 개발이 되어 도로가 만들어지고 빌딩이 들어서고 역세권이 개발되기를 기다리는 장면이 있다.

그 시절 이후 50년 동안 땅값이 올라 왔다고 보는 것이 맞다. 현재 강남의 뱅뱅사거리와 테헤란로의 상업지구의 토지 가격을 살펴보면 5억~7억 원까지 형성돼 있다. 이제는 일반인들이 한 평의 땅조차 살 수가 없게 된 것이다.

50년 동안 땅값이 오르는 데에는 이유가 있다. 일자리가 있는 곳을 중심으로 역세권이 개발됨으로써 주변이 발달하고 인프라가 형성되면 사람들은 자연스럽게 역세권을 중심으로 활동하게 된다. 그러면 그 위치가 로데오거리가 되고 만남의 장소가 되어 회의, 세미나, 친구와의 모임 등의 역세권 중심의 활동이 이뤄지게 된다. 거기에 모여서 시간을 소비하는 것이 편해지기 때문에 발달할 수밖에 없고 누군가는 발달을 위해서 건물이나 상가를 임대하여 사업을 시작한다.

원금 손실이 없는 재테크는 토지이다

어떠한 땅도 처음부터 비싼 땅은 없다. 역세권이 되었다고 국가에서 계획을 한 후, 논이 지하철로 변할 때까지 얼마나 많은 시간이 있었을까? 시간이 지나도 변하지 않는 토지 가격을 보이는 곳이 있다. 움직이지 않는 땅인데 그런 곳은 주변의 호재가 없어서 그저 경작만 해야 하는 땅이거나 산(임야)이다. 그렇다면 움직이는 땅은 어떤 땅일까? 개발 호재가 있는 곳의 도로와 철도 그리고 기업이 들어오는 곳 근처의 땅이 움직이는 땅이다.

움직이는 땅이거나 역세권이라 해도 리스크가 있는 땅의 경우는 SOC 사업(국가에서 진행하는 철도, 항만, 항공, 도로)과 연관 없거나 유물 산포지 등이라 건축을 하기 위한 행위가 불가능한 곳이거나 국가의 땅으로 수용당하는 수도 있기 때문에 정보를 알고 투자하거나 믿음이 가는 정보력 있는 솔직한 부동산을 찾아서 투자하라.

입지가 모든 것을 말해준다! 위의 움직이는 땅을 투자해 놨더라면 내려가는 일 없이 올라갈 것이다. IMF나 리먼 사태에도 건물 부동산의 가격은 내려갔더라도 역세권이나 개발이 있는 땅의 가치는 희소성 때문에 더 소중하기 때문에 그 입지가 가격을 올려주는 것이다. 부동산 재테크가 어렵고 돈이 많이 필요하다고 생각하는 경우가 대부분이다.

맞는 말이면서도 아니기도 하다. 일반 아파트처럼 네이버에서 바로 시세를 찾아서 볼 수 없기 때문에 시세 조사에 어려움이 있으며, 해당 토지에 대한 분석 정보를 찾아야 되는 점, 그리고 토지뿐만이 아닌 근처에 개발 호재가 있는지, 내가 투자하려는 땅이 그 범위인지를 알아야 한다.

부동산 중에서 땅은 거짓말을 하지 않는다! 입지가 좋은 땅은 배로 당신의 재산을 불려줄 수 있다. 입지가 좋은 땅의 가치를 알고 있는 부자들은 자신의 신용도로 낮은 이율로 대출을 합쳐 땅을 산다. 지금 당신이 모으는 1년의 노동 수입보다 부동산 역세권 토지 투자라는 재테크를 통해 불어나는 재산 증식 속도가 훨씬 빠르기 때문이다.

월급만 받으면서 재테크는 나와 상관없는 일이라고 생각하고 머리 아픈 일로 생각하고 떠넘겨 버릴 것인가? 나이가 들수록 더 투자하기가 힘들어진다. 더 무섭고 소심해질 수 있다. 한번 투자를 잘못하면 미래가 더 욱더 불투명해지기 때문이고 행복과 멀어질 수 있기 때문이다. 변하지 않는 부동산에서 나의 노후를 준비해라.

부자일수록 원금 손실이 없으면서 수익률 좋은 재테크를 하고 싶어 하는데 수익성과 환금성, 안정성까지 갖춘 것이 바로 역세권 토지 투자이다. 역세권 토지는 불황 없이 오른다. 동시에 건물처럼 노후 되지 않는다. 건물의 경우엔 때가 되면 고장이 나고 보수공사를 해줘야 하며 돈이 많이 들어간다.

하지만 토지는 원형지 그대로 두더라도 옆의 같은 용도의 토지가 그 가치를 한다면 내가 가진 땅도 그 땅과 같은 가치를 한다. 아무런 행동을 하지 않고도 오르기만 하는 것이다. 물론 건물을 지어 놓는다면 더 가치 있는 부동산이 된다. 나는 이제 건물을 사 모으는 것보다는 입지가 좋은 곳의 토지를 산다.

2 장

은행 말고 땅에 적금을 부어라

Investment in Land

은행 말고 땅에 적금을 부어라!

부자들은 은행에서 적금을 붓는 대신 대출을 받는다

요즘에는 욜로족도 있고 딩크족도 있다. 노동 수입으로 나 하나 건사하기 힘든 세상이기 때문이다. 욜로족은 현실에 충실하자! 라는 삶의 모토를 가지고 사는 청년들을 이야기하며, 현실이라도 행복하게 살기 위해, 즐기는 삶을 위해 미래보다는 현재에 많은 것을 투자한다. 딩크족은 아이를 낳지 않고 젊은 부부가 행복한 결혼생활을 하자는 모토를 가진 청년들을 말한다. 아이를 낳아서 키우는 데 드는 3억8,000만 원이라는 돈은 부담이 큰 액수다.

당신이 살 집 한 채는 있어야 하지 않을까? 딩크족이든 욜로족이든 일반적으로 젊은 청년들이 일할 수 있는 나이는 어느 정도 한계가 있다. 거기에 노동 수입으로 일할 수 있는 나이도 한계가 있다. 언제까지 잘 걷고 힘을 쓸 수 있겠는가? 스포츠카의 비애라는 말이 있다. 빨간 스포츠카를 운전할 수 있는 나이에는 빨간 스포츠카를 살 재력이 없고, 스포츠카를 살 재력이 있을 때에는 이미 나이가 많이 들어서 빨간 스포츠카와 중·노년의 모습이 어울리지 않기 때문이다.

강남의 부자들은 적금을 넣고 있을까? 적금 대신 대출을 받는다. 우리가 대출 받는 것과는 다르게 투자를 위해 높은 신용도를 가지고 대출을 받는다. 우리의 대출은 어떤가? 우리가 대출을 받아서 전세 혹은 집을 사는 것과는 다르다. 우리는 집을 온전히 돈 주고 살 능력이 안 되기 때문에 어쩔 수 없이 사는 집은 필요하기 때문에 대출을 받아서 집을 장만한다.

당신은 적금을 은행에 넣고 있는가? 다들 대부분 매달 버는 노동 수입을 불려서 미래를 준비하기 위해 뭔가를 해야 한다고 생각한다. 하지만 그 방법을 모르기 때문에 환금성 보험을 가져가거나 적금을 넣거나 예금 등을 활용한다.

예를 들면 풍차돌리기가 있는데 12달 동안 12개의 통장에 넣는 것이다. 이렇게 하면 1년이 지나고서 매년 월마다 적금의 만기가 되고 이를 돌려받으며 그 돈으로 예금이나 적금을 더 높게 해가는 것이다. 이렇게 하면 원금+이자가 남게 되며 또 그 번 돈을 통해서 다른 적금을 든다면 복리 이자처럼 돈을 불리게 된다. 매달 가서 적금을 새로 만들고 매달 그 적금들마다 돈이 들어가게 해야 한다.

재테크에 대한 지식이나 종잣돈이 없는 상태라면 이렇게 시작하는 것도 추천한다. 적은 돈이라도 흐름을 만들고 종잣돈을 만드는 과정이 필요하다. 열심히 살고 나서 30년 쯤 뒤에 열심히 살았다고 어떤 갑부가 갑자기 와서 당신의 노후를 책임질 돈을 거저 주지 않는다.

토지 적금 넣는 부자들이 있다

적금처럼 토지 적금 넣는 강남 부자들이 있다. 부자들은 땅을 모은다! 강남의 부자들은 건물을 더 이상 모으지 않고 건물 대신 토지에 투자하고 있다. 물론 진짜 좋은 입지의 상가건물들은 그대로 유지하고 아파트들을 처분하고 있다는 말이다. 12.16 부동산 대책 이후로 서울에서는 아파트들을 처분하기에 급급하다. 하지만 현재 호가보다 낮게 급매로 내놓은 대치동의 은마 아파트조차도 처분이 되지 않고 있는 게 현실이다.

은행에 적금 넣지 말고 땅에 적금을 부어라. 강남의 진짜 땅 부자들은 좋은 입지를 알고 있다. 그래서 좋은 입지에 건물을 짓고 더 큰 자산으로 만들어버린다. 땅 부자가 건물주도 되는 것이다. 가지고 있는 땅에 건물을 세워 임대 수입을 받으며 생활을 하고 그 재산은 점점 늘어만 간다.

강남의 땅 부자들은 건물보다는 땅의 입지가 더 중요하다는 걸 알며 좋은 입지의 땅을 많이 소유하길 원한다. 그래서 개발되어서 가격이 많이 상승할 만한 좋은 입지의 개발 호재가 있는 곳에 투자하고 있는 것인데 10대 재벌그룹이 토지를 보유한 상황을 2014년도 YTN 보도에 따르면 60조3,046억 원이 된다.

강남 3대 부호인 B회장이 현재 갖고 있는 서울의 땅을 보면 현재 가치는 9,000억 원정도지만 앞으로 개발되는 부분에 알짜배기의 땅을 소유하고 있기 때문에 그 가치는 1조5,000억 원에 달한다고 한다. 현재 나이 86세 정도 되기 때문에 자녀들에게 상속할 것으로 보이지만 삼성역 근처의 땅은 SRT가 연결되면 가격이 엄청나게 오를 것이다.

이런 "재벌그룹은 불황에도 적극적으로 토지를 매입한다."라고 한 조사 결과도 있다. 토지에 대한 보유를 더 늘려가고 있는 것이며 삼성그룹의 토지와 건물을 합친 강남 3구 소재 부동산 평가액이 12조6,080억 원에 달한다. 토지를 매입하는 이유가 무엇일까? 토지의 가격은 계속해서 오르고 내일보다 오늘이 싸기 때문이다. 그리고 나중에 큰돈으로 돌아오는 부동산이기 때문이다.

돈을 모아서 집을 사지 말고 땅에 적금을 넣으면 적금처럼 넣은 땅이

커져서 많은 수익을 돌려줄 것이며 당신이 넣은 적금이 당신을 건물주로 만들어주고 여러 채의 아파트를 가진 건물주가 된 당신은 임대수입을 받은 조물주 위에 있다는 건물주가 되어서 원하던 여행과 맛있는 음식 그리고 주위 가족과 지인들에게 베풀 수 있게 될 것이다.

다들 건물주가 되고 싶어 하며 건물주가 되기 위해선 하루아침에 되는 것이 아니다. 건물주가 되기 위해선 자본금으로 재산증식을 해야 할 것이며 작은 부동산들로 경험 삼아 투자를 한 후에 상가 건물로 들어서게 될 것이다. 그러나 당신이 건물을 지을 수 있는 땅을 소유하고 있다면 그곳에 건물을 지어서 건물주가 될 수 있다.

땅을 소유하면 건물주가 될 수도 있는 것이며, 큰 땅을 담보로 대출을 받고 그 돈으로 건물을 지을 수 있으며 큰 땅을 소유하고 있지 않고 지분으로 가지고 있더라도 개발되는 입지가 좋은 땅에 내 땅 30평이어도 건물주가 될 수가 있다. 30평으로 건물주가 될 수 있을까?

건물이 지어지는 데 있어서 100평 정도 있으면 건물을 제대로 올릴 수 있지만, 30평이면 3분의 1이다. 여기에 다른 70평을 가진 지주와 함께 건물을 지어서 건물의 30%의 건물주가 되면 된다. 예를 들어 10층 건물을 지었다면 10층 중에서 3개 층만 소유하게 되더라도 아파트든 상가든 임대 수입을 얻을 수 있다. 실제로 강남의 큰 어떤 빌딩들의 등기부등본을 살펴보면 여러 명의 사람들이 소유하고 있다.

돈이 아닌 땅으로 적금을 부어서 적금처럼 매월 넣을 수는 없다고 생각할 수도 있다. 개발을 앞둔 땅값이 10만~20만 원 하는 땅이 아니며 한 평씩 구입하기도 힘들다. 살 때에는 몇십 평을 기본으로 몇백 평을 사야 하는데 그런 돈이 어디 있겠는가? 매년 혹은 2년, 3년, 5년 이런 식으로 당신의 자본이 쌓이면 토지 적금을 넣어라.

그렇게 해서 평당 최소 50만 원 정도에서 200만 원 정도의 가격일 때 개발 호재가 있는 곳을 골라 20평, 30평 땅으로 적금을 들어라. 개발 호재가 있던 곳이 실제 착공이 되고 완공이 될 때 그 가격은 몇 배씩 오른다. 20평이어도 몇 배씩 뛴다면 노동 수입으로 버는 월급보다 훨씬 큰 재산 증식을 가져다줄 것이다.

토지 투자, 원 포인트 레슨! ③

대한민국의 미래 아산만에 집중해라

대한민국은 수출형주도형 국가로 예전 미국과 일본을 대상으로 한 수출에서 이제는 중국과 신흥 아시아 국가들이 우리의 고객이다. 중국은 우리를 100년을 보장할 수 있을 만큼의 인구가 있다. 중국과 아시아의 물동량이 증가하는 곳 인천보다 아산만으로 많은 기업들이 몰려오고 있다.

1억으로 10억 버는 비결

거짓말 같이 1억이 10억이 된다

당장 1억 원의 현금을 가지고 있는가? 현금은 아니더라도 1억 원을 가지고 있을 수는 있지만 전세보증금을 비롯해서 담보로 묶여 있는 경우가 대부분일 것이다. 1억 원의 현금이 있고 이 돈이 10년 동안 나를 대신해서 10억 원을 벌어줄 수 있다면 어떨까? 당신은 1억원 을 10억 원으로 만들 수 있는 능력을 가지고 있는가? 만약 당신이 재테크를 잘하는 전문가라면 가능할 것이다.

신설 역세권 토지에 본인 자금과 대출을 포함해 1억 원을 투자하여 10억 원을 만든 사례를 앞의 장에서 부발 역세권을 통해서 소개하였는데 실제 사례이다. 그렇다면 증명이 되었다. 토지를 통해 1억 원으로 10억 원을 벌 수 있음을 이제 알게 된 것이다. 하지만 1억 원이 작은 돈이 아니다. 누군가에게는 10년 동안 한푼도 안 쓰고 모아야 할 돈일 수도 있다.

10억 원은 어떠한가? 당신에게 10억 원이 있다면 당신은 부자라고 생각할 것인가? 각자 개인 기준이 다르겠지만 대부분의 사람에게 10억 원은 정말 큰돈이다. 현실적으로 10억 원을 모은다는 것 자체가 힘들다. 몸이 아프면 병원도 가야 하고, 남들처럼 차도 사야 하고, 맛있는 것도 먹으면서 모으려면 더 오래 걸릴 것이다.

부자가 되기 위해 최소 7:3의 비율로 저축하는 사람이 있다. 7은 저축이고 3을 최소 생활비용으로 쓰면서 먹을 것 덜 먹고 조금 불편해도 남들의 시선에 신경을 쓰지 않으며 악착같이 모으는 것이다. 그렇게 모으면서 스크루지나 짠돌이 같다고 생각하는 주위 시선이 있을지도 모르지만 상관없다. 그 사람들이 당신의 미래를 책임져줄 것 아니잖은가? 어떤 사람은 숙식을 제공하는 곳에서 일을 하면서, 지출이 없는 일을 하면서 모으는 이도 있다.

부발 L씨가 아니더라도 1억 원으로 10억 원을 만들 수 있다. 다만 조건이 있는데 바로 투자에 대한 확신과 종잣돈에 대한 관심이다. 투자에 관심이 있어야 돈을 모을 것이고, 모은 종잣돈으로 투자를 해야 돈이 만들어지는 것이다. 종잣돈이야 많으면 많을수록 좋겠지만 '1억 원 정도는 모아야 종잣돈이 되지.' 하는 생각은 안 했으면 좋겠다. 중요한 건 투자에 대한 마인드와 관심이기 때문이다.

3,000만 원이 3억 원이 된 후 다시 투자하면 되지 않겠는가? 3,000만 원으로 3억 원을 번 방법대로 하면 되지 않을까? 중요한 건 곱하기로 내 자산이 늘어난다는 것이고 그것이 매력 있으며 관심을 가져보기에 괜찮지 않을까? 라고 말하는 것이다. 대한민국에 있는 전철과 지하철역 800개 중에서 내가 관심을 미리 가졌더라면, 역이 개통하기 전에 알고 투자했더라면 우리도 10배의 수익을 얻을 수 있었을 것이다.

부동산의 3승의 법칙!

신설 역세권 토지에 투자한 1억이 어떻게 10억이 될 수 있을까? SOC사업이 진행됨에 있어서 333의 법칙이라는 것이 있다. 이는 첫 개발 확정 발표가 되어 서류로 공고문이 떨어질 때 3배, 그리고 실제로 착공에 들어갔을 때 3배, 완공될 때 3배, 그 이후 도시가 활성화되는 시기부턴 쭉쭉 올라간다.

그렇다면, 역세권 토지 투자에는 단점이 없을까? 토지 투자는 건물 부동산과는 많이 달라서 그냥 사서 바로 1년 보유하고 파는 그런 일은 거의 없다. 그렇게 금방 매도를 한다는 건 피치 못할 사정이 아니라면 피해야 한다. 세금을 많이 내야 하기 때문이다. 토지는 길게 가져갈수록 세금을 적게 낸다. 물론 건물도 그렇지만 건물보다는 세금의 부담이 적다. 요점은 토지는 오래 가져갈수록 큰 수익을 낼 수 있지만, 단기간 보유하면 손해가 크다. 장점이 상황에 따라서 단점이 될 수도 있는 것이다. 토지에 5년에서 10년 적금 붙는다고 생각해보자. 적금 10년 동안 부어서 10배의 수익을 낼 수 있었다면 어떻겠는가?

지가 상승의 법칙

아무 땅이나 사놓고 10년 동안 10배 오르는 것이 아니다. 아무런 개발 호재가 없는 지방의 전이나 답을 임야에 있는 그런 땅들을 사놓고 이 땅이 10배 오르기를 바라는 건 정말 힘든 일이다. 로또에 당첨되고 싶은데 로또를 사지도 않으면서 당첨을 바라는 꿈과 같다. 위에서 이야기 한 10배가 오르는 땅은 개발 호재가 있는 곳의 땅의 경우를 이야기하며, 그 땅이 농지일 때 더 큰 수익을 얻을 수 있다.

농지의 가치가 비교적 싸게 거래되는 이유는 일반적으로 농지는 농사를 짓는 것 외에는 사용이 불가하기 때문이다. 일반적 지방의 논이나 밭은 공시지가 3만~5만 원 정도의 부담 없는 가격이다. 지금 현재 국가의 상태를 보면 미국이나 외국에서 많은 쌀을 수입하고 있다. 쌀이 주식이었던 시대와 달리 지금은 쌀 대신 밀가루 음식으로 끼니를 해결하는 경우가 많다.

그래서 국가에서 필요 이상 많이 있던 땅들을 개발로 효율을 더 높이기 위해 법을 바꿔 지금은 개발이 필요한 철도나 도로 등의 개발의 특별한 경우에 농지를 풀어서 개발을 할 수 있게 되어 있다. 그렇기 때문에 농지의 가격이 저렴할 때 샀는데 그곳이 갑자기 개발이 되면서 땅값이 몇십 배로 올라 수익률을 극대화시켜주는 것이다.

대한민국은 지금 많은 개발에 신경 쓰고 있다. 매년 많은 SOC사업이 전국적으로 이뤄지고 있으며, 대한민국은 이제 어디든 3시간이면 갈 수 있게 변하고 있다. 그러기 위해서 교통이 발달하지 않은 지방들이 개발이 되고 있다. 이런 교통의 호재가 생기는 곳에 투자를 하여 교통이 발달하면 그곳에 사람이 많이 모이게 되고 도로에서 철도로 사람들이 많이 몰리는 현재의 트렌드에서 부자를 꿈꿀 수 있다.

매년 1억 원씩으로 토지 적금 드는 부자들이 있다. 산업이 발달하는 기업이 많은 도시에는 고액 연봉자들이 많다. 연봉이 적게는 8,000만 원에서 1억 원까지인 이들은 일찍 회사를 나올 준비를 한다. 고액을 받는 만큼 인기 있는 직업이며 더 살아남기 힘든 것이다. 회사를 나간다고 하더라도 들어오고 싶어 하는 인력도 많기 때문에 이들은 일찍부터 미래를 준비하는 경우가 많다.

보통의 회사의 경우에도 모두 피라미드 형태이다. 사원이 많고 점점 그 위로 상사들이 많고 결국엔 회사의 사장이 최고의 위치에 있다. 당신이 정말 열심히 해서 승진을 하고 또 승진을 해서 차장 내지 부장을 달 수 있을지도 모른다. 뒤처진 사람들은 자의든 타의든 회사를 나와서 다른 일을 해야 한다.

무엇을 할 것인가? 치킨 프렌차이즈 혹은 커피숍? 회사에서 청춘을 바쳐서 일한 대가로 받은 소중한 퇴직금으로 앞으로 살아갈 날들이 훨씬 많은데 어떻게 버틸 것인가? 치킨을 정말 만들고 싶어서 치킨집을 시작할까? 아니면 어릴 적부터 진짜 꿈이 바리스타였을까? 무엇이든 해야 하는 상황에서 그것이 가장 만만하니까 하는 것 아닌가? 그렇게 시작한 사업은 잘 되기가 쉽지 않다.

대한민국 자영업의 폐업률이 90% 이상이다

고액 삼성맨들은 1억 원씩 모으는 대로 적금을 가입하듯이 토지에 투자한다. 은행에 돈을 넣어봐야 금리 2% 미만이다. 적금을 하는 것은 재테크에 대해 아는 것이 없기 때문에 하는 것이다. 예적금만으로는 부자가 될 수 없다. 그러니 자신의 미래를 위해서 벌 수 있을 때 최대한 투자를 해서 노후 준비를 하는 것이다.

이렇게 준비한 미래로 1억 원이 10억 원이 몇 개가 된다면 당신의 노후 조금은 걱정 없지 않을까? 개발 호재가 있는 입지가 좋은 토지에 투자하여 미래를 준비할 수 있다면, 투자해라. 당신의 자본금이 1억이 아니어도 투자 없는 미래는 암흑뿐이다. 은퇴자들의 자영업 3명 중 2명이 3년을 넘기지 못하고 폐업을 하게 된다. 미리 준비하지 않은 미래에 자영업은 당신의 가족까지 힘들게 할 뿐이다. 적금 들 듯이 토지에 투자한다.

왜 지금 역세권 땅테크인가

철도가 새로운 트렌드다 트렌드를 좇아라!

대한민국의 교통은 도로에서 철도로 트렌드가 바뀌고 있다. 전국 1일 생활권으로 바뀌기 위한 많은 변화의 움직임들이 있고 이는 국토종합개발계획이라는 지도에 다 나와 있다. 일반인들 대부분은 지도를 사지도 않으며 전국에 어떻게 개발 계획이 잡혀 있는지 알지도 못한다. 도로보다는 전철이나 지하철을 이용해 출퇴근하는 회사원들이 많으며, 약속 장소로 역세권 앞이 랜드마크가 돼서 모임을 많이 하는 현실이 되었다.

교통 체증으로 인해서 약속에 지각할 일이 없다. 비교적 오차 없이 장소로 대려다주기 때문이다. 이렇게 사람이 몰리는 역세권으로 인해 개발은 역세권 위주로 점점 더 넓게 퍼져가고 있으며, 역세권의 땅값은 당신이 생각하는 것보다 훨씬 더 비싸다. GTX나 어디든 국가에서 신설 역세권을 위주로 개발을 하고 있으며 GTX 인근이 생활하기 편하기 때문에 집값 또한 비싼 것이다.

우리나라뿐만이 아니다. 세계는 지금 역세권과 철도를 중심으로 개발하고 있으며 우리나라와 가장 흡사한 일본에서도 빠른 철도를 통해서 수도권에서 위치상으론 조금 먼 상황이어도 SRT 같은 고속 전철로 인해서 예전과는 다르게 수도권에 직장이 많이 몰려 있기 때문에 수도권 근처에 집을 얻으려는 사람들이 많았으며 편리하기 때문에 수도권 근처로 집을 사려고 하였으나 최근에는 수도권이 아닌 곳에 머물면서 수도권으로 출퇴근 하고 있는 사람들이 늘고 있으며. SRT 등의 고속 전철이 삶을 더 편하게 해주고 있다.

프랑스의 리옹은 파리를 잇는 역이 생기고 나서 예상보다 시민들의 이용률이 높아 편의를 위해 역사를 더 증설하게 되고 문화시설들도 함께 들어가게 됐다. 단순히 사람이 타고 다니는 이동 수단이 아니라 문화생활 및 쇼핑을 비롯해 맛집도 있는 도시의 핵심지역이 되는 것이다.

최근 수도권의 인구가 외곽으로 빠지고 있는 이유도 여기에 있다. 나라 전체에 신설 역을 많이 생기면 수도권 출퇴근이 가능해진다. 약간의 불편함은 있겠지만 수도권 내에서 집값을 감당하며 사는 것보단 이득일 것이다. 30대가 서울에 집을 구한다는 건 불가능하리만큼 너무 힘들어 새로운 2기, 3기 신도시에 보금자리를 만들고 있다.

철도를 중심으로 도시가 발전하고 있는데 앞으로 철도를 통해 부자가 될 수 있는 날은 서민들에게는 많지 않다. 큰 뼈대가 되는 교통개발 계획, 특히 철도 계획으로 만들어지는 역들의 계획은 2025년까지 얼마 안 남았다. 신설 역이 생기고 5년이면 주변에 역세권 구성이 완료된다. 개발 계획이 수립되고 착공이 들어가고 완공이 되어 개통이 되는 데 10년이다. 농지들 위에 새로운 신설 역이 생긴다면 그곳은 신도시가 생기는 100% 확실한 신호라고 보면 된다.

완공이 되면 일반인이 투자하기는 힘든 시기가 된다. 왜냐하면 예를 들어서 당신이 땅의 주인이라고 해보자. 당신 땅 앞에 전철역이 생기는 게 눈에는 보이는데 땅값이 얼마나 오르는지는 잘 모른다. 하지만 당연히 비싸지지 않겠는가? 찾아보게 될 것이고 급한 일이 아니고는 팔 이유가 없을 것이다. 이처럼 개발이 될 땅은 팔려는 사람은 없고 사려는 사람은 많다.

수요와 공급에 의해서 점점 비싸지는데 일반적으로 보면 개통이 된 역사 인근 땅은 평당 최소 500만 원 이상은 한다. 만약 평당 500만 원이라고 하면 10평만 사도 5,000만 원인데 100평이라고 생각하면 5억 원이다. 당신은 5억 원을 가지고 있는가? 그것도 현금으로? 현금으로 가지고 있어야 할 이유는 앞에서 수요와 공급에서처럼 땅이 나온다면 살 사람은 많은데 현금으로 5억 원으로 한꺼번에 낼 수 있다면 그 사람에게 살 수 있는 경쟁력이 있는 것이다. 그래서 우리 일반인은 100만~200만 원 이하일 때 그나마 살 수 있다고 생각한다. 이것도 물론 싼 가격은 아니지만 역이 개통에 가까워질수록 내놓는 땅은 없고 농지여도 가격이 비쌀 수밖에 없다. 개발이 진행되고 있는 땅은 비싸며, 부자가 되려면 빨리 투자해야 더 큰 부자가 될 수 있다. 평당 100만 원일 때 100평이면 1억 원이겠지만 시간이 지날수록, 개통이 가까워질수록 땅 값은 올라가고 살 수 있는 평수는 줄어든다.

최근 대한민국 성인 남녀 20대부터 50대의 3,000여 명에게 '부자라고 하면 재산이 어느 정도여야 할까?'라는 주제로 조사한 바에 따르면, 평균적으로 35억 원이 있으면 부자라고 해도 될 것 같다는 결과가 나왔다. 현재 당신이 가지고 있는 자산은 얼마나 되는지 정리를 해보자.

35억 원이라면 얼마나 큰돈이고 내가 어떻게 만들 수 있는 규모인지 잘 와닿지 않는다. 35억 원을 만들려면 최소한의 기본 자산이 얼마가 있어야 할까? 라는 질문에는 15억 원 미만이 23%였다. 물론 월급으로는 우리 같은 일반 사람에겐 불가능하다는 것을 알고 있을 것이다. 이 35억 원을 모으려면 현재 연봉 기준으로 단 한 푼의 지출도 없이 저축해서 70년을 모아야 한다고 대답한 응답자가 31%였다. 자산을 늘리기 위해 노력을 조금씩은 하고 있으나 예적금이나 저축이 70%에 해당한다. 부동산에 투자하는 비율은 12.5%뿐이었다. 10명 중 1명이 부동산에 관심을 가지는 것이다. 10명 중 1명만 알고 있는 것이다. 노동을 통해서 절대로 부자가 될 수 없다는 것을 말이다.

부모님 때와 같은 재테크 방식으론 부자가 될 수 없다

주위를 둘러보면 재테크는 나와 상관없다며 관심 없다는 사람들이 있다. 이는 나이를 따지지 않고 30~60세까지 다양하다. 난 33세에 관심을 가지기 시작했지만, 어른들을 보면 안타까운 현실이기도 하다. 금융지식을 학교에서 배우질 못했다. 재테크를 통해 재산을 불려야 한다는 사실을 아직도 모르는 일반 사람들이 많다.

우리의 부모님들은 은행에 이자가 높았던 시기에 재테크를 우리에게 강요하고 있다. 우리의 세대에는 지금 부모님에게 물려받는 자산이 있을까? 받을 수 있을 수는 있다. 하지만 힘들다. 부모님의 노후가 길어지는 고령화 시대에 수입이 없어지는 부모님에게 오랜 시간을 버텨야 할 필요한 돈인데 자녀를 위해 쓰시고 궁핍하게 살아가셔야 할까?

부모님의 노후에 필요한 금액은 얼마나 될까? 기본적인 인간적인 생활을 하려면 최소 부부가 200만 원은 있어야 한다. 이것도 2015년 기준의 금액이며, 부모님의 나이가 들어갈수록 더 몸이 아파오고 먹는 것 외에 병원비나 건강을 위한 금액이 더 늘어간다.

우리는 부모님의 노후를 책임질 수 있는가? 우리도 현재 헬조선에서 미래가 불안정하지 않은가? 그래서 다들 일반적으로 퇴직금으로 수익형 부동산을 많이들 생각하지 않는가? 퇴직하고 월급처럼 나올 수 있는 사람에 따라 투자기술에 따라 수익률이 달라지겠지만 2억 원에 50만 원정도 순수익을 가져가는 사람도 있을 것이고 어떤 사람은 200만 원을 가져갈 수도 있다.

토지에 그것도 역세권 토지에 투자한다면 수익형 부동산도 가능할 수 있다. 수익형 부동산 하면 상가나 빌라, 오피스텔 등으로 생각하지만 토지를 통해서 수익형 부동산이 가능한 부분이 있다. 땅 위에 상가든 빌라든 오피스텔이 들어오는 것 아닌가? 게다가 역세권 앞이 살기 편하고 인구가 몰리는 만큼 그곳에 내가 땅을 가지고 있다면 그 땅위에 생기고 거기에서 수익이 나올 수 있는 건물이 된다면 좋지 않을까?

지금 역세권 땅을 투자하여 미래를 준비하라. 나이에 따라 다르겠지만 적게는 5년, 길게 보면 10년 이상 가져갈수록 좋다. 급하게 돈이 필요하다면 중간에 이익이 실현되는 대로 팔 수도 있겠지만 역세권 상업지구의 용도이거나 주거용 아파트의 경우에도 역세권의 아파트가 들어갈 수 있는 토지라면 가격이 계속 해서 오르며, 보상 받는 방식에 따라서 지속적인 수익형 부동산이 될 수도 있으며, 가치는 점점 커지기 때문이다. 그 토지를 통해 올라간 건물로 인해서 그 건물에서 임대 수익까지 얻는 방법도 있다.

토지 투자 백전불패!

목적에 따라서 사야 하는 토지 투자의 방향을 설정하라

매년 국가에서 발표하는 공시지가를 통해 토지는 매년 가격이 오른다. 어떤 입지의 땅이냐에 따라 다르지만 가격은 조금씩이라도 어떻게든 오른다. 기획부동산을 통해서 그린벨트나 임야를 샀더라도 가격은 내려가진 않는다. 간혹 서울의 그린벨트가 해제되는 경우가 생기면 이런 땅에서 수익이 생기게 된다. 하지만 오래 걸릴 수 있으니 이를 믿고 매수를 한다는 것은 내 손주에게 물려줄 자산이라고 생각하고 멀리 보고 사는 것이 맞다.

토지를 사는 이유가 있을 것이다. 당신이 토지에 관심을 가지는 이유는 무엇인가? 노후에 귀농해서 농사짓고 살기 위함인가? 아니면 개발지역의 투자를 통해서 수익을 보고 싶은 것인가? 이 책에서 말하는 토지는 후자에 가깝다. 개발의 호재가 있는 지역에 투자를 했을 때 정보를 알고 투자를 한다면 엄청난 수익을 얻을 수 있고 당신의 미래를 바꿔줄 수 있다는 관점을 바꿔주기 위해서 이다.

토지를 사는 것은 손해가 없다. 다만 목표에 따라서 다른 것이다. 당신이 토지를 통해서 엄청난 수익을 얻거나 혹은 미래를 위한 수익형 부동산으로 토지를 선택했다면, 토지 중에서도 역세권 토지에 투자할 경우에 당신의 땅값은 내려가는 일은 없을 것이다. 건물이 올라가고 50년 동안 올라가기만 할 것이다.

잘못된 정보로 매수한 땅이고 10년을 보유했다면 개발 호재가 없는 그 땅의 가치는 10년이 지나도 별 차이가 없다. 주위에 서산의 땅과 여주의 땅을 보유하고 계신 분이 있다. 이분의 경우는 지인의 소개로 땅을 2번이나 샀으나 2번 다 실패했다.

서산 땅은 10년 보유했고 1억 원에 매수를 했으나 오히려 땅이 밑으로 꺼져서 살 때 시세만이라도 받고 팔 수 있을지도 의문이다. 하지만 10년을 보유한 시간이 아까워 팔지도 못한다. 여주 땅은 여주역의 개발 호재 소식을 듣고 구매한 땅이나 실제 여주 역에서 거리가 5km 이상 떨어져 개발이 되어도 오랜 후에 개발이 이뤄질 것이다. 평당 130만 원에 매수를 했지만, 매도를 위해 부동산의 수소문을 해보았더니 80만 원도 받기 힘든 상황이었다. 이분만의 일이 아니다.

나의 아버지도 같았다. 아버지는 사실상 귀농을 목적으로 구입한 부여의 땅이 있었다. 하지만 위치상 건물을 올리기엔 다소 복잡한 부분과 건강상의 문제도 있어서 5년을 보유하다 처분을 위해 부동산에 수소문을 하였지만 구입할 매수자가 나타나지 않아 산 금액보다 낮은 금액으로 처분해야만 했다.

위에서 이야기한 대로라면 토지 가격이 올라야 하는데 오히려 산 가격보다 낮은 금액에 팔려고 내놓고 있다. 이 현실은 토지는 매수자가 나타나야 거래가 되는 것이고, 매수자가 나타났을 때 골치 아픈 땅을 처분하기 위해서 급매로 내놓는 것이다. 그래서 가격을 낮게 내놓는 수밖에 없는 것이다. 아버지와 같이 농사를 지으며 살 만한 사람이 찾아와야 팔 수 있는데, 그런 사람이 많지 않은 것이 안타깝다.

반면 역세권 토지는 어떨까? 역세권은 사람들이 많이 모이는 곳이므로 내가 그 토지를 가지고 아무런 행위를 하지 않고서도 내 옆의 토지를 가진 사람이 건물을 올리거나 매도를 한다면 키높이 효과로 덩달아 오르는 현상이 나타난다. 사고 싶어 하는 건설사도 많다. 좋은 입지 조건이어서 그곳에 건물을 올렸을 때의 수익을 가져오는 가치는 원형지의 토지보다 훨씬 더 많은 이윤을 창출하기 때문이다.

역세권 토지의 가격은 매년 오르고 있으며, 그 가격은 전국의 어떤 역세권이든 2,000만 원 이하는 없다. 역세권이 개발되고 상가 혹은 아파트가 들어서는데 상가가 들어올 수 없는 자연지형적인 문제를 제외하고는 역세권이 아닌 지역과는 엄청난 가격 차이를 보인다.

역세권의 개념의 이해

기본적인 단선 수도권의 일반적인 역세권은 역에서 500m 거리이며 KTX 같은 고속전철은 1km까지, 그리고 복합 환승역이 들어서는 곳은 3km까지이다. 우리가 생활하는 보통의 역은 500m 안에 많은 상가 건물이 들어서며, 마트나 백화점 등 인구가 많이 밀집되는 곳은 그 가격이 거주지와는 비교도 못할 정도로 높은 가격이 형성된다.

투자는 빠를수록 좋은데 부자들은 시간을 통해서 복리 이자를 챙기거나 때를 기다려 몇 배의 수익을 올린다. 부자들은 빠른 기회를 보고 남들보다 먼저 투자하여 미래에 수익을 올린다.

가치를 미리 알아보고 더 저평가일 때 사고 평가가 바뀌면서 수익을 몇 배로 올려서 남들이 모르는 가치를 미리 알아보는 것과 투자를 위한 자금을 만들어 놓은 일이 시간을 거쳐서 그 가치가 올라가서 부자가 되는 것이다.

좋은 입지의 고급 정보를 알면 수십 배 문제 없다! 권진봉 한국감정원장께서 이런 말을 하신 적이 있다. "개발 호재가 있는 곳이라면, 만약 누군가 역세권 개발 정보를 사전에 알게 된다면, 이를 이용해 상당한 부를 축적할 수 있을 것이다. 정보의 독점은 부동산 시장이든 증권시장이든 투기 수준의 비상식적인 초과이윤을 낳게 한다."고 말이다.

우리는 재테크에 관심을 가질 필요가 있으며, 대한민국 그 안에서도 부동산에 관심을 가지고 공부를 해서 좋은 입지의 지역을 알고 그곳에 관심을 가져서 적절한 기회에 정보를 통해서 투자를 한다면 당신도 그 관심을 가지고 정보를 얻은 시간이 당신에게 확신을 주고 그곳에 가능하면 땅 단 한 평이라도 가져가서 건물주가 되어라.

결국엔 어떤 역세권 토지 혹은 개발 호재가 있는 곳의 토지에 투자를 해야 수익을 극대화 시켜서 높일 수 있으며 이 입지의 땅은 경제 위기가 와도 땅값이 오르는 것을 볼 수 있다. 역세권 입지의 땅은 경재위기 속에서도 안전한 자산이며, 강남의 부자들은 입지가 좋은 강남의 곳곳에 건물들을 가지고 있고 이런 건물들은 몇 백억의 가치를 평가받는다. 이미 많은 강남의 부자들은 땅으로 재산을 만들어 놓고 있다.

대기업이 들어오는 호재가 있거나 교통의 발전이 이뤄지는 곳 도로 혹은 철도가 만들어지는 곳의 위치를 알아둘 필요가 있으며 요즘은 네이버

부동산의 기사를 통해서 지역개발에 대한 대략적인 정보를 얻을 수 있고 해당 지역관할의 홈페이지를 보면 관보를 통해서 개발에 대한 예상금액이 나와 있는지 구체적으로 확인해보고 알 수 있다. 네이버 부동산을 통해서도 언제 무엇이 완공될지 지도에 나와 있기도 하여 관심을 가지고 보면 알 수도 있다.

나이가 들수록 안전한 투자가 필요하다고 생각되며 어렵게 모은 나의 종잣돈이 나의 미래이다. 나의 미래를 쉽게 쓰지 않기 위해 정보에 귀를 기울이며 토지 투자 개발의 호재가 있는 곳은 경제 위기에도 변함없이 안전하게 그리고 오히려 가치가 올라가는 것을 알 수 있다.

이런 안전하면서도 수익성이 높은 곳은 전국의 땅 중에서도 새로운 개발이 이뤄질 곳인데 당신의 돈을 불려야 하지 않겠는가? 개발의 호재가 있는 역세권의 토지 투자는 백전불패이다. 개발 호재 중에서도 역세권은 앞서 KTX나 SRT, GTX 등 철도가 개발되고 있다. 이런 새로운 고속전철역이 개발되는 곳에 당신의 미래를 투자하라.

109개월째 브레이크 없는 땅값

멈추지 않고 상승하는 부동산 재테크

전국적으로 땅값이 109개월 동안 상승세를 이어갔다. 재테크 중에 주식이나 금, 아니면 건물의 경우에도 내려가고 올라가고를 반복하지만, 땅값은 멈추지 않고 내려가지 않으며 올라갔다. 전국에 있는 시도 중에서 세종시, 용인시의 처인구에 반도체 공장이 들어섬으로써 상승이 두드러졌다.

국토교통부에 따르면 2019년 3, 4분기 전국 지가 변동률 및 토지 거래량 통계에 따르면 2019년 1~9월 전국 땅값은 2.88% 상승했다. 9월 기준으로는 0.32% 올라 109개월 연속 브레이크 없는 상승세를 이뤄온 것이다. 2010년 11월 이후 109개월째 땅값은 상승했다.

당신은 1,000만 원 모으는 데 얼마나 걸리는가? 어떤 사람에게는 한 달 만에도 벌수 있는 돈이지만 나에겐 반년동안 월급에서 생활비를 제하고 남는 돈을 모은다고 열심히 모은 돈 이었다. 이렇게 남들이 여행가고 좋은 것을 보고 맛있는 것을 먹을 때 아껴서 모은 종잣돈 이다.

전문적으로는 아니지만, 한때에 어떤 재테크가 나에게 더 맞는 것인지를 찾기 위해 주식을 했었다. 그때는 역시나 헬조선의 노예로 회사를 다니며 1,500만 원을 투자했으나 내가 투자하고 나니 바로 내려가기 시작하는 것이었다. 종잣돈으로 처음 시작한 주식 투자가 이렇게 시작과 동시에 내려가고 있으니 두려웠다. 일에 집중이 되지 않았다. 쉬는 시간마다 주식을 확인하며, 그날마다 해당 회사의 기사를 검색하며 추이를 살피게 되어 버렸다.

비트코인을 투자한 20대 초반 학생이 일반 국내거래소를 이용해 8만 원으로 시작하여 300억 원 자산가가 된 사례도 있다. 다들 부자가 될 수 있을 거란 생각에 주위 지인들을 보면 많은 돈을 비트코인에 넣었다. 대전에 사는 지인 A는 7,000만 원가량을 손해 보았으며, 어떤 사람은 집 한 채를 날렸다는 소식도 들렸다. 비트코인은 주식보다 더해서 사람을 피폐하게 만드는 것 같다.

나는 그림을 그리는 콘셉트 원화가(게임을 만드는 데에 필요한 그래픽 창작물을 만드는 사람)였다. 집중을 요하고 아이디어를 생각해서 창작을 하는 일인데 주식을 하면서 집중도 힘들어서 맞지 않는다고 생각했다. 다크서클과 피로감을 달고 살면서 입을 옷 안 입고 꾸밀 돈을 아껴서 만든 종잣돈이 수익이 나야 하는데 오히려 매일 줄고 있었다.

내가 그 당시 선택하였던 나에게 맞는 또 하나의 재테크는 경매라고 생각했다. 내 집을 구입할 때가 된다면 난 경매를 통해서 구입해야 한다고 생각했다. 가진 돈이 별로 없었으며, 모을 수 있는 자본을 보더라도 아파트 한 채를 경매가 아닌 매매로 살 때에는 많은 부담을 느꼈다.

경매를 하는 것은 많은 시간과 지속적인 관리를 투자해야 한다. 나의 경우엔 회사에 점심시간에는 물건을 검색하고 부동산에 전화하여 시세를 조사하고 주말에는 임장(물건의 현장상황을 파악하기 위해 현장을 가서 조사하는 행위)을 하고 발품을 뛰며 시세조사를 하고 낙찰을 꿈꾸었다.

그렇게 시세조사를 하고 한 건을 낙찰 받겠다는 꿈을 꾸며 노력하였으나 매번 2등, 3등이었다. 초기 투자금이 별로 없었던 나는 아파트보다는 빌라를 타깃으로 하였는데 1등이 아니면 의미가 없는 경매시장에서 항상 쓴 패배를 느끼면서 생각했다. 그러다 "내가 모르는 뭔가가 많은 것이다!"라는 결론에 도달했다.

그 이후로는 직접 배워야겠다라는 생각으로 시중에 알려진 경매학원들을 알아보고 수강을 하기로 했다. 당시에는 수강료가 조금 비싸다고 생각을 했지만, 과정을 통해 여러 부분들에서 디테일한 이야기들과 혼자서는 알 수 없고 오랜 시간과 경험을 통해서만 얻을 수 있는 팁들을 배우게 되었다. 결국 아파트 한 채와 빌라 한 채를 낙찰 받았었다.

지금도 재테크의 시작을 경매로 한 것에 대해서 만족하고 있으며, 다시 그때로 돌아간다고 하더라도 경매를 배울 것이다. 적은 돈으로 시작할 수 있으며 등기부등본부터 보는 법을 배우고 미래를 준비할 것이다. 토지를 먼저 알았다면 당연히 토지부터이다! 토지도 적은 소액으로 가능하며 때에 따라서는 3,000만 원 정도의 금액으로도 투자가 가능하다.

중개업자는 토지 전문가가 아니다

땅은 일반 사람들은 재테크에 대해 관심도 별로 없으며, 대중적인 재테크가 아니고 두려워서 토지에 대한 관심은 더욱 없다. 당신도 관심이 없을지 모른다. 그럼에도 불구하고 토지 투자에 주목해야 하는 것은 역세권 토지의 경우엔 재테크의 모든 조건 수익과 환금성 거기에 안정성을 갖추고 있다. 그렇지만 토지는 전문 지식이 필요하다. 토지에 관심이 있고 사려고 수소문 하여 주위에 사람 소개로든 근처 부동산에 가서 소개를 받아서 사든 어디가 개발된다 하여 사놨는데 10년 지나도 가격이 미동의 차이만 있을 뿐이기 때문이다. 집 앞의 부동산만 가 봐도 알 수 있을 것이다.

유시민이 〈알쓸신잡〉에서 나와서 이런 이야기를 한 적이 있다. "당신이 10년 후에 부자가 되고 싶다면, 돈을 다 털어서 땅 한쪽이라도 사 두라. 그렇게 하면 사회의 부를 생산하는 데 한 푼어치의 보탬도 주지 않고도 10년만 지나면 부자가 될 것이다."라고 말이다. 멈춤 없는 땅값의 비밀은 무엇인가? 개발 호재가 있는 곳의 땅이 비밀이다.

부동산 중에서 특히 토지는 전문가를 활용하여 투자하기 바란다. 주위에 토지에 잘 알지 못하는 사람이 그저 한마디로 어디가 뜬다더라 하는 소식에 팩트를 확인 하지 않고 잘못된 정보로 투자하여 낭패를 볼 수가 있다. 주위에 있는 사람 혹은 부동산 에서도 토지에 대해서 잘 알지 못하는 경우가 허다하다. 지속적으로 정보에 관심을 가지고 국토개발계획을 항상 염두에 둘 필요가 있으며, 공부를 통해서 수익률이 적당한 곳을 찾는 방법이거나 혹은 전문가를 활용해서 투자하길 바란다.

앞으로 경제 위기가 온다는 소식에 투자 자체를 하지 않는 사람도 있다. 오히려 불황일 때 기회가 찾아올 수도 있고 그렇게 일반인들 중에서 부자가 된 사람들도 있고 부자들은 돈을 더 벌었다. 이런 경제 위기 때 자산의 규모를 50% 늘릴 수 있는 기회라고 어떤 전문가는 이야기한다.

경제 위기일 때는 부동산과 각종 주식들이 언제 그랬냐는 듯 곤두박칠 치지만 투자가들은 이 기회를 관점을 달리해서 바라보고 오히려 전 재산을 쏟아 부어서 성장하는 것이다. 지금은 돈을 모아서 경제 위기가 올 때

쓰려고 모으는 사람들도 있다. 이럴 때에 모았다가 쓰는 자본금은 적은 투자금으로 가치가 높은 것들을 저렴하게 구입할 수 있게 되기 때문에 좋은 기회이고 다시 제대로 된 가치를 찾을 때 가격이 상승하면서 상당한 부를 쌓아 올리게 되는 것이다.

경제 위기를 보지 않아도 매번 오르는 땅이 있다. 경제 위기가 오면 떨어지는 부동산들이 있다. 하지만 경제 위기에도 땅값이 오르는 곳이 있고 그곳은 역세권의 입지가 좋은 땅값이다. 이런 땅을 가지고 있다면 안전하게 당신의 미래를 맡겨놓을 수 있다. 새로운 역이 만들어지고 이 역세권의 건물이 생기게 되면 기본적으로 50년 동안 땅값은 오른다.

이렇게 계속해서 역세권을 중심으로 개발이 이루어지며 재건축이 가능한 것도 40년이 되어야 재건축이 가능하다. 재건축이 가능하다고 해서 바로 이뤄지는 것도 아니다. 이런 개발되는 곳에 당신의 미래를 준비하면 어떨까? 새로운 신도시가 만들어지는 곳 그곳의 땅을 관심 가져보길 바란다.

최고의 재테크는 땅테크이다

안정성 수익성 환금성까지 갖춘 부동산 재테크!

차원이 다른 재테크가 있다. 부동산의 재테크에는 최근 경매에 대한 붐이 일어나며, 보통 건물들의 가격이 오르거나 분양을 받은 곳이 피를 붙여서 팔게 되어 건물이 다 준공되기 전에 팔아서 수익을 보고 갭 투자를 통해서 소액으로 시세차익을 노리는 등 재건축 재개발등의 많은 재테크가 있는데 그 많은 재테크 중 토지는 +가 아닌 곱셈(x)으로 가격이 상승한다.

2+2는 4이고 2×2도 4이지만 8+8는 16인데 반해서 8×8은 64로 그 차이가 점점 크게 차이가 난다. 이렇게 뛰는 것이 토지이며 100배까지

오르는 일도 있다. 이게 정말로 가능하다면 자본금이 조금 적더라도 당신의 미래를 바꿀 수 있지 않을까? 일반 사람들은 평생 아파트 한 채를 얻기 위해 산다. 30년 동안 이자와 원금을 갚아 가면서 말이다.

그리고 주택연금으로 주택을 담보로 미래에 필요한 노후자금을 끌어다 쓴다. 노후자본이 따로 준비되어 있지 않기 때문이고 연금으로는 생활이 힘들기 때문에 우리의 자녀들에게 물려줄 자산이 없는 것도 사실이다. 사실 부동산의 건물 값은 토지에 비해서 큰 가격을 차지하지 않는다. 서울의 반포의 30년 된 아파트가 최근 19억 원에 매물이 올라왔다. 대지 지분은 17평이며 전용 평수 25평의 이 반포아파트의 평당 가격은 1억 원으로 건물 값은 2억 원에 불과했다.

당신은 땅이 아닌 집을 사고 있다. 건물은 시간이 지나면 노후화 되지만 땅은 그렇지 않다. 원형지로서 다른 관리가 일반적으로 필요가 없다. 당신이 건물을 사서 임대를 주고 때가 되어 노후되면, 임차인이 보일러가 고장이 났다거나 방충망이 망가졌다는 등의 연락을 하면 신경을 쓸 일이 많을 것이다. 전화로 보일러도 알아봐야 할 것이며 임차인과 대화도 해야 할 것이고 금액은 어떻게 처리할 것인지 등을 해결한다. 하지만 이런 신경을 쓰지 않고서도 땅에 대한 투자를 한다면, 그것도 역세권의 토지라면 보일러를 고쳐줄 필요도 없고 그냥 가만히 놔두어도 가격이 오를 것이다. 건물을 세우는 행위를 하지 않더라도 역세권의 입지가 좋은 땅은 건설사에서 옆의 땅주인과 거래를 하고 건물을 세우고 그 가격이 정해진다면, 당신의 땅도 이미 그 가격을 할 것이다. 같은 용도라는 부분에서 차이가 없다면 말이다.

원금손실 없는 재테크가 있다! 원금손실 없는 재테크엔 예적금도 있지 않느냐고 할 수 있다. 하지만 사실은 그렇지 않다. 예적금은 물가상승률에 따라서 사실은 화폐의 가치가 매년 떨어지고 있다. 원금손실이 없는데 수익성이 좋다면 어떻겠는가? 재테크엔 환금성과 안정성 그리고 수익성이 중요한데 환금성은 바로는 찾을 수 없고 매수자가 나타나야 하지만 역세권의 토지의 경우엔 3가지를 모두 다 만족한다.

가장 낮은 토지 가격에서 시작해서 3만 원, 5만 원 이런 땅값이 수천만 원에서 수억까지 오르는 땅은 원금손실이 없이 꾸준히 오르기만 한다. 신도시가 개발되는 곳의 역세권의 토지의 경우에는 50년에서 60년까지 올라간다. 사두기만 한다면 계속해서 올라가기 때문에 토지는 "오늘 사는 것이 제일 싸고 내일 파는 것이 좋다." 라는 말이다.

내일이 되면 가격이 오르기 때문에 지금 이 순간이 가장 싼 것이다. 오늘이 가장 싼 것이며, 내가 소유권을 인도받은 이후부터는 내일 파는 것이 더 좋다. 개발이 되는 움직이는 토지는 오늘보다 내일, 땅 가격이 더 오를 것이기 때문인데 정말 급해서 이민을 간다던지 급하게 돈이 필요하지 않고서야 팔고 싶은 사람이 있겠는가?

그럼 수익률 300% 이상! 가능할까? 가능하다! 100에 사서 300만 되어도 300% 아닌가? 건물을 2억 원 주고 사서 6억 원에 팔 수도 있다. 그렇지만 더 빠르게 더 높게 뛰는 300% 그 이상의 수익률을 낼 수 있는 것이 개발 호재가 있는 땅인 것이다. 주식 또한, 갑자기 특별히 어떤 물건이 1,500% 상승할 수도 있지만 외부적인 요인에 의해서 금방 가치가 하락할 수도 있다는 단점을 보면 안정성을 갖추며 수익률이 높은 자산은 토지이다.

주식은 내가 컨트롤 할 수 없을 만큼 외부의 요인이 빠르게 움직이기 때문에 타이밍이 정말 중요하다. 토지는 개발 호재가 있는 부동산의 경우는 하루아침에 가치가 엄청나게 떨어지거나 하는 일은 없다. 계속해서 지속적으로 부동산의 흐름과 방향을 보면서 준비한다면 주식과 같이 훅하고 하루아침에 종이조가리가 되어버리는 일은 없다는 것이 장점이기도 하다.

안정적인 재테크 수단이어서 많은 사람들이 선호하고 관심을 가지는 것이 부동산이며 우리나라는 특별히 수출주도형 국가로 부동산이 좋은 재테크 수단이며. 자수성가한 사람의 80%가 부동산을 통해서 자수성가한 사람이 많다.

최고의 재테크는 땅테크이다. 개발 호재가 있는 땅테크에 투자한다면 앞서 말한 예적금처럼 안정성을 가져갈 수 있으며, 주식처럼 큰 수익률을 얻을 수도 있고 환금성에서도 좋은 입지의 부동산은 거래가 잘 된다. 월세까지 받아볼 수 있는 환금성도 있다.

토지는 오래 걸린다? 선입견을 깨라!

오래 걸린다는 것은 단점이라면 단점일 수도 있지만, 지금은 다르다. 예전과 달리 현재는 나라에서 일반투자가들과 함께 개발을 하기 때문에 더욱 빠르게 계획이 완성된다. 국가의 자금(세금)과 민간 자본이 함께 투입되니 시간 절약되고 완성도도 좋은 신도시와 교통 인프라가 구축된 역세권이 개발되는 것이다.

당신이 알고 있는 신도시의 그 어떤 역이 있는가? 신도시의 역은 농지였다가 어느새 몇 년이 지나고 큰 빌딩들과 큰 아파트 들이 들어서며 그 신도시의 중심가로 자리 잡고 중심으로 사람들이 몰리는 것이 전례이고 앞으로도 그럴 것이다.

저렇게 바뀌는 역이 있다면 당신은 지금 당장 그곳에 투자해야 한다. 저기서 상승하는 토지의 가치가 당신의 노후자금은 당신이 벌어들이는 노동수입보다도 훨씬 더 빠르게 충분히 먹고 살만큼 벌어다 주게 되어 노후 걱정을 덜 수 있을 것이기 때문이다.

경기도 화성시의 반송동 동탄에 삼성이 들어오면서 착공 전 눈에 보이기 시작하던 때에 2003년에서 2004년까지 26,000원 하던 땅값이 52,000원이 되었고 2009년엔 도시가 완성되면서 100배의 수익률을 올린 사례가 있다. 2000년도에는 9,500원 했던 땅이었다. 2000년 동탄에 땅을 가진 지주였다면 9년 만에 550배 수익을 얻었을 것이다. 2018년도 땅값은 어떻게 될까? 롯데캐슬 같은 역세권 상업지의 땅값은 5,000만 원이 훨씬 넘는다. 최근 동탄의 토지 가격을 조사한 바로는 상업지구의 땅값은 1억 원을 웃돌고 있었다.

한 지역의 특정 부분만을 이야기했지만, 당신이 기존에 알던 건물의 재테크와는 차원이 다른 재테크라고 할 수 있다. 물론 쉽지 않고 조금은 급하게 필요한 돈으로 하는 목적으로 하는 재테크는 아니지만, 많은 정보를 꾸준히 보고 제대로 투자한다면 당신도 100배의 수익률을 올릴 수 있다.

동탄 반송동에 땅을 가지고 있던 사람은 있다. 존재한다. 당신도 그 한 사람이 될 수 있었고 그 사람이 당신이었다면 당신의 미래는 최고의 재테크로 부자로 만들어 주며 미래가 보장되는 인생이 되지 않았을까? 앞으로 동탄처럼 개발이 될 곳을 찾아서 투자를 해놓기 위해 토지 투자공부를 하라!

07 투자의 기본은 씨드머니를 만드는 것이다

변함없이 다른 미래를 기대하는 것은 정신병의 초기증상이다

돈이 없다면 시간에 투자하라! 집의 옷장 안에 몇 억 원씩 현금으로 가지고 있는 사람은 없다. 지인 B는 고등학교 친구로 IT 계열에서 일하는 애 셋 딸린 아빠인데 얼마 전 새해 덕담인사를 하다가 이야기가 나오게 되었는데 열심히 직장에서 영혼을 불태우며 아이들을 키우기 위해 외벌이를 하고 있었다. 지금은 하느냐 라고 물어보니 그렇단다.

요즘 자녀 1명 키우는 데 적어도 몇 억 원씩 든다. 2013년 기준으로 말이다. 월급으로는 애들에게 노후에 안겨줄 수 있는 돈이 있을까? 한번 당신의 소득을 생각해보길 바란다. 얼마나 물려줄 수 있겠는가?

현재 자녀 1명 키우는 데 드는 비용은 2014년도 통계로 총 3억897만원이라고 한다. 대학교 7,709만 원 중고등학교 8,842만 원 초등학교 7,596만 원 유아기 3,686만원 영아기 3,064만 원이다. 이래서 하나만 낳아서 잘 키우자고 하는지도 모르겠으나 대학교까지의 금액만 이 정도이다. 자녀를 하나 낳아서 당신의 자녀에게 대학교까지 키우고 자립하라고 할 수도 있다. 그러나 내 자녀가 결혼을 한다면 그래도 남들보다는 못하더라도 할 수 있는 만큼 조금이라도 보태어서 결혼을 보내고 싶지 않은가? 그런데 당신의 미래는 초라해질지도 모른다. 노후 연금이 부족해서 젊을 때 대출로 받은 집 하나 30년 동안 갚아가면서 그 부동산의 가격이 오르기만을 바라면서 미래를 준비한 노후가 주택을 담보로 연금을 받게 되는 것이 요즘의 실상 아닌가?

당신은 미래를 어떻게 그리고 있고 준비하고 있는가? 뭔가 해야 할 것 같지 않은가? 그냥 사는 대로 살면 삶의 노예가 되어 시계바늘처럼 매일 똑같이 흘러갈 뿐이다. 사는 대로 살 것인가? 아니면 생각대로 살 것인가? 당신의 인생이고 당신도 경제적인 자유를 얻고 해외로 여행도 1년에 두어 번씩 다니면서 맛있는 것 먹을 줄 알고 좋은 것 볼 줄 아는 그런 삶을 걱정 없이 살고 싶지 않은가?

미래를 위한 자유를 위한 생각을 바꿀 필요가 있다. 생각대로 살기 위해서 지금까지 사는 대로 살아왔다면 생각의 관점을 바꾸고 어떻게 해야 미래가 바뀔지 오늘 하루 내가 어제와 다른 행동을 1초라도 하면서 살면 인생이 바뀌기 시작하지 않을까한다. "어제와 똑같이 살면서 다른 미래를 기대한다는 것은 정신병의 초기 증상이다"라는 말이다. 아인슈타인이 남긴 명언이다.

미래를 위한 꿈을 꿔야 내가 무엇을 해야 할지 생각하고 그 경제적 자유를 위한 꿈을 위해 종잣돈(시드머니)을 모아야 한다. 당연히 힘들다. 체면도 유지해야 하고 가끔 외식도 하고 힐링도 하고 싶다. 하지만 당신이 부자가 되기 위한 시간이 얼마나 남았는가? 별로 없다면, 남들보다 더 빠르게 모아야 할 것이다. 남들처럼 먹고 써서 모을 수 있을 것인가? 자수성가한 부자들은 7:3의 법칙으로 30%의 최소 생계 유지비를 제외하고는 70%는 저금을 한다.

『부자 아빠 가난한 아빠』라는 베스트셀러가 있다. 내가 정말 좋아하는 책이고 3번을 읽었으며 이 책 때문에 나의 인생이 크게 바뀌게 되었다고도 할 수 있으며 내가 만난 재테크나 부자가 되길 바라는 사람들은 한 번씩은 읽어본 책일 것이라 말하고 싶다. 책의 저자인 로버트 기요사키는 일본계 미국인으로 학벌이 높은 친아버지의 교육과 돈의 흐름을 이해한 친구의 아버지인 부자 아버지를 보면서 부자가 되기 위해선 어떤 생각을 해야 하고 어떻게 행동해야 하는지를 배운 내용을 책에 담았다.

책의 내용을 보고 가장 나에게 뼈가 되고 살이 된 부분은 두 가지가 있는데 하나는 일반 봉급자로써는 부자가 될 수 없기 때문에 사업가와 투자가가 되어야 부자가 될 수 있으며, 부동산을 통해서 부를 이루는 마인드와 방법을 이야기하고 있고, 하나는 학교에서는 금융지식을 알려주지 않기 때문에 우리는 배우지 못했고 부자가 되려면 금융지식을 배워야 한다는 것이다.

종잣돈을 모으면서 금융지식을 쌓아라

우리는 학교에서 일반 봉급자, 단순한 기술자, 전문가 혹은 공직자가 되기 위해 교육받았고, 매달 따박따박 세금을 내며 국가의 시스템 안에서 살아가야 한다고 배우기도 한다. 세금을 내는 건 국민으로써 당연한 의무다. 수많은 공과금과 세금들이 있지만 부자들은 이 세금을 절세하는 방법을 온갖 방법을 통해서 덜어내고 있으며 법적으로도 전혀 문제가 없게 하여 더욱더 부자가 되어간다.

우리에게 중요한 것은 금융지식을 키움과 동시에 종잣돈을 마련하는 것이다. 그래야지 미래에서 경제적 시간적 금전적 자유를 얻을 수 있다. 개인마다 바라는 필요금액은 있을 것이지만 당신이 나이가 많다면 더욱더 빠르고 안전하며 수익률도 높은 재테크를 해야만 할 것이다.

종잣돈이 있어야 미래를 위한 투자도 할 것이지만 미래를 위한 꿈이 있어야 어떻게 모아야 할지 구체적으로 생각하게 된다. 막연하게 경제적 자유를 얻고 싶다고 생각한다면 경제적 자유라는 것이 어떤 것인가? 당신이 생각하는 부의 척도를 예를 들어서 어떤 집에 살고 싶은지 찾아보고 그 집의 가격과 당신이 타고 싶은 차의 가격 그리고 자녀를 몇 낳을 계획인지 자녀가 있다면, 자녀에게 어떤 미래의 자산을 넘겨줄 것인지 생각해보고 나서 그 꿈에 대해서 곰곰이 생각해보라.

그런 후에 그 것들을 합산한 금액에서 당신이 현금화 할 수 있는 현재의 모든 재산과 그리고 당신이 앞으로 벌 수 있는 시간과 추정금액을 생각해 보고 꿈에 맞춰서 10년 단위로 또는 단위를 낮춰서 어떻게 목표를 더 만들어야 그 목표에 갈수 있을지 생각해보라. 어떤 사람은 그냥 지금 버는 그대로 벌어서 조금씩만 저축해도 될 수도 있겠지만, 대부분의 사람은 상황에 따라서 엄청 힘들 수도 있다.

시드머니가 클수록 돈이 쉽게 벌린다. 경매를 예로 들어보자. 경매에 올라온 건물이 100억 원짜리라고 본다면, 서울은 경매로 나올 때 80%, 60%, 40% 이런 식으로 건물의 가격이 다운된다. 40%에 낙찰 받는다고 하면 40억 원인데 60억 원을 벌게 되는 것이다. 경매에 올라온 건물이 1억 원짜리의 물건이라면 40%에 낙찰 받으면 4,000만 원이고 6,000만 원을 벌게 되는 것이다. 이처럼 내가 예를 들어서 100억 원 짜리를 사고 싶다면 40억 원이 있어야 하는 것이다. 지방의 경우는 30%씩 유찰이 돼서 가격의 차는 더욱더 크다.

이처럼 경매에서는 자금이 많을수록 더 큰 물건에 도전할 수 있으며, 그만큼 수익도 크다. 토지도 자금이 많을수록 더 큰 부자가 될 수 있다. 왜냐하면 땅은 희소성이 있기 때문이다. 땅은 기다리지 않기 때문에 돈을 모았다가 기회가 오면 바로 잡아야 한다. 토지는 한 필지당 600평에서 800평 정도인데 이를 구매하는 사람도 없고 갑부가 아니면 사기가 힘들다. 이렇게 큰돈으로 한 필지를 산다면 그곳에 큰 빌딩을 지어 올릴 수 있을 만큼을 위해서 큰돈이 필요하다.

종잣돈을 만들기 위한 현실이 힘들다면 종잣돈을 마련할 수 있는 현실을 만들어가면서 그 현실을 만드는 동안 재테크 공부를 통하여 미래를 준비하라. 무조건 1억이 모여야 종잣돈이 되는 것은 아니다. 재테크엔 여러 가지가 있고 그 안에는 3,000만 원 미만으로 시작할 수 있는 재테크들이 있다. 당신에게 중요한 것은 미래를 꿈꾸고 종잣돈 3,000만 원이라도 모으는 습관과 공부를 통해서 미래를 준비하는 시간을 보낸다면 그 모은 3,000만 원으로 투자해서 수익을 보고 또 수익을 봐서 더 큰 부자가 되어야 할 것이다. 아무런 재테크 행동도 하지 않으면서 미래를 기다릴 것인가? 종잣돈을 만들어서 어디에 투자할지는 이후 문제이다. 돈을 모으는 습관을 만들어라. 당신이 모은 종잣돈으로 미래를 꿈꿀 수 있다.

토지 투자, 원 포인트 레슨! ④

기업수요에 집중해라

부동산 투자에서 중요하게 생각해야 할 부분으로는 기업의 수요이다. 산업단지가 만들어지는 곳에 일자리 창출로 인해서 인구가 몰리게 된다. 일자리 근처로 편의를 위해 이사를 하고 소비를 하며 도시의 경제를 살리게 된다. 산업단지가 들어오는 지역에 집중해라. 지역에 집중하고 어디에서 소비가 일어날지 등을 찾아보길 바란다.

실패하지 않는 토지 투자의 비밀노트!

우리의 종잣돈은 소중하다! 리스크를 알아야 한다

개발되는 곳의 땅은 여러 사례에서도 볼 수 있듯이 엄청난 부를 가져다준다. 그러나 이런 엄청난 부를 가져다준다면 실패할 수 있는 리스크를 가지고 있다. 디테일한 정보를 보고 경험이 많을수록 실패하지 않으며, 어떤 부분들을 조심해야 할지 알아야 하지 않겠는가? 그렇다고 실패를 꼭 해봐야겠다는 것은 미련한 일이다.

당신의 종잣돈은 소중하다. 소중한 종잣돈으로 실패하면 다음에는 더 큰 부담감으로 투자를 해야 하며 또다시 종잣돈을 모으는 데 시간 또한 걸린다. 당신에게 남는 돈으로 잃어도 되는 돈으로 투자하는 갑부가 아니지 않는가? 잃어도 되는 돈이 많고 시간도 많을 정도로 투자한다면 당신은 이 책을 볼 필요도 없이 실행에 옮기고 경험을 통해서 전문가가 되면 될 것이다.

부자들은 더욱더 돈을 소중히 하고 돈이 많은 부자들이 더 조심스럽다. 돈을 사랑하는 사람들이고 단 한 푼도 정부에게 세금으로 뺏기지 않기 위해 여러 방법을 통해서 절세를 하고 있다. 또한 자녀들을 위해서 최대한 많은 재산을 상속시켜주기 위해서도 절세를 갖은 방법을 통해서 하고 있다. 이렇게 부자들은 우리들에 비해 돈이 여유가 있음에도 불구하고 더욱더 자산을 소중히 여긴다. 우리들의 자산은 더 중요하지 않은가? 우린 다음이 없을 만큼 종잣돈을 모으기 힘들기 때문이다. 어떤 부분들을 알아야 할 것인가? 나이에 따라서 모아야 하는 돈과 시간이 중요하겠지만 투자시간은 짧게 수익률은 높은 것이 좋지 않을까?

1장에서 이야기했던 부발읍의 개발을 위해 투자했던 L씨는 3개월 만에 10배의 수익을 얻었고 대출금과 합해서 1억 원의 돈으로 10억 원을 얻은 것이다. 우리도 이런 사례처럼 10배의 수익을 올릴 수 있다. 이건 노력을 해서 얻은 사례이고 평소에 관심을 가졌기 때문에 가능하지만, 3개월 만에 10배는 사실상 타이밍이 엄청 좋았다고 말할 수 있다.

신설 역이 개발되는 데에는 여러 시점이 있으며 그 시점마다 가격이 오른다. 개발하기 전에 시행되는 예비타당성 조사에서 역이 개발된 후 이용인구와 수익성을 계산한다. 그 후 설계조사를 거쳐서 착공과 완공 그리고 시범운전을 하고 역세권 개발이 되면 많은 공간을 필요로 하기 때문에 필요한 대지가 들어갈 수 있는 공간인지, 역이 생기고 주변에 건물이 올라설 수 있는 대지인지, 연약지반인지, 조선시대 혹은 고려시대 등의 유물이 묻혀 있는지 등의 여러 리스크 상황들을 고려해서 위치를 정하고 개발을 한다.

강남만 해도 1970년대 개발 전에는 지금처럼 1가구에 한 대 이상의 차를 보유해서 도로가 붐비진 않을지 등을 다 고려해서 도로의 폭 등을 미리 생각하고 개발을 하는 것이다. 도로가 만들어지고 빌딩 등의 건물이 도로 옆으로 생긴다면 도로를 확충하는데 힘들기 때문이다. 도시개발 등은 다 이렇게 개발이 되는 것이다. 그냥 아무 데나 만드는 것이 아닌 것이다. 신도시 개발은 이렇게 리스크들을 걸러내는 데 1년 이상이 걸리고 설계를 하고 계획을 가지고 진행이 되는 것이다.

이런 예비타당성 조사가 끝나고 국민의 세금으로 만들어질 개발에 필요한 예산을 편성하여 어느 정도 크기의 개발이 될 것이며, 어느 정도의 기간이 걸릴지를 측정한다. 신설 역사는 조사가 끝나고 설계도를 그리고 어느 부분엔 아파트를 짓고 도로 넓이는 얼마나 할 것인지 어디 상업 지구를 개발할지를 정해 놓고 착공이 들어가고 4년에서 5년 정도가 걸리며, 완공이 되고 주변 지역개발에 들어가는 데 또 5년 정도면 충분하다.

미래가치가 있는 개발이 되는 토지에 투자하라

이렇게 개발이 되는 흐름을 이전의 사례에서 확인할 수 있다. 대한민국 전국의 600여 개의 역 중 한 곳에만 투자했더라면 당신은 부자가 되어 있을 것이지만 그렇지만 지금까지는 관심이 없었고 이렇게 땅값이 뛰는지를 몰랐거나 어떻게 투자를 해야 하는지 몰랐을 것이다.

이 뿐만 아니라 앞서서 이야기한 부분들에서도 보듯이 개발되는 곳의 땅을 가지고 있으면 그 가치가 개발이 되면서 엄청나게 몇십 배로 상승하면서 미래가치가 상승해서 큰 부를 이룰 수 있다. 109개월 동안 오르는 땅값을 보면 지금은 경기가 어려워서 상승이 조금씩이지만 경기가 회복되면 급상승을 한다. 땅 한편을 사 놓으면 비가 오나 눈이 오나 가격은 오르기만 한다.

역세권에 땅테크 투자하여 미래가치를 가져가라! 1억 원이 10억 원이 되고 5,000만 원이 5억 원이 되고 이런 사례들은 넘치고도 넘친다. 이렇듯 부동산 중에서도 토지는 가격이 오르는 것이 +가 아닌 x으로 올라가는 것이다. 수도권, 특히 강남에 투자하고 싶은 사람이 있다면 큰돈이 있어야 투자할 수 있다. 우리는 적은 돈으로도 최대 10배, 최소 4배의 수익을 얻을 수 있는, 미래를 위한 투자가치가 될 만한 그런 땅을 사야한다.

그러나 이런 땅은 일반인이 보기에 경험이 없는 사람이 볼 때는 상상이 힘들 수가 있다. 왜냐하면 10배, 20배 오르는 땅들은 처음엔 농지에서 시작하기 때문인데 농지가 개발되어 아파트가 지어지고 빌딩이 지어지는 것을 본 사람이 있어도 그 가격이 이렇게 뛰는지 실체를 모르고 관심을 가지지 않았기 때문이다.

2010년 이후로 농지를 개발할 수 있는 특별법이 생겼다. 이전에는 농지진흥구역으로 농사를 하게끔 국가에서 지정을 해놓아서 농사만 해야 했지만 지금은 상황이 달라졌다. 쌀을 먹는 인구가 줄고 있다. 하루에 밀가루 음식으로 끼니를 간편하게 먹는 경우도 늘고 외국들과의 교역에서 쌀을 수입하는 현재에 와서는 필요이상으로 농지가 많기 때문에 국가차원에서 농지들을 개발하여 더 좋은 방향으로 만드는 법이 생긴 것이다.

SOC 사업인 철도, 도로, 항만, 항공의 경우에는 농지를 풀어서 개발할 수 있게끔 법이 바뀌어서 앞의 사례들처럼 개발이 되는 것인데 개발이 되기 전 농지일 때의 가격은 어떤 개발도 불가능하기 때문에 저렴한 편이다. 일반적으로 투자를 하면 안 되는 묘지도 역세권 개발이 된다고 하면 투자대상이 될 수가 있다. 하지만 개발이 되고 난 후에 용도 변경이 된 이후는 말이 다르다. 싸게는 3만원, 5만원에 불과하던 땅값이 개발이 되고 후에 수천만 원에서 억이 되기 때문이다.

그렇다고 농지라고 다 같은 땅이 아닌 것이다! 오를 땅은 개발하는 곳에 따로 있다! 개발되는 농지는 따로 있고 기획부동산들에서 개발되지 않는 임야를 사놓고 개발이 된다는 지역에 아무 곳의 땅을 사놓고 왜 안 오르나 생각하면 답이 없다. 몇 년이 걸릴지 모르는 일이다. 개발이 된다는 서류화 시점이 나오고 늦어도 개발을 완료하기 전에 들어가야 한다는 것이다. 개발이 되고나서는 일반인이 들어갈 수 없다. 땅 한 평의 가격이 500만~1,000만 원을 넘어가는데 10평을 소유하기도 힘든 현실이다.

실패를 하지 않기 위해서 첫 번째 중요한 포인트는 개발이 된다고 해서 들어가는 실패를 하면 언제 될지 모르는 개발을 목 놓아 기다려야만 하는 것이니 서류화 시점에 국가사업의 SOC 개발의 착공이 들어갔을 때는 안전하니 들어가도 된다.

두 번째는 임야를 투자할 때 조심해야 한다. 임야는 일반적으로 택지 개발을 위해 산을 깍아서 개발을 해야 하기 때문에 개발이 힘든 부분과 경사 정도에 따라서는 허가가 나오지 않는다는 점을 알아야 한다.

세 번째는 개발 호재가 있다고 해서 전부 다 같은 땅이 아니기 때문에 역 앞의 부분은 조심스럽게 투자해야 한다. 수익을 보기 위해 투자를 하는 것인데 내 땅이 국가에 수용당한다면 아무런 개발행위도 해보지 못하고 소정의 보상금만 돌려받을 뿐이다.

우리는 부자가 되고 싶고 부자가 되기 위해선 많은 선택지가 있을 것이다. 토지 부동산 투자를 통해 자녀들에게 물려줄 자산을 위해 토지 적금을 들고 실패하기 않기 위해 공부를 해야만 한다. 토지 투자는 일반적인 아파트와 빌라와는 다른 전문지식이 필요하다. 인터넷에 바로 올라오는 실거래가로 판단하는 것이 아니라 토지에 대한 땅속 정보가 중요하며 리스크에 대한 이해를 통해 막연히 싼 땅은 개발이 되지 않을 가능성이 높다는 인식과 개발에 대한 사실을 확인하고 투자를 하여 피해보지 않는 투자를 하길 바란다.

3 장

반드시 오르는 땅의 패턴을 읽어라

Investment in Land

농지가 금싸라기가 된 마법

저평가된 농지가 최고의 입지로 바뀐다

농지는 보통은 싸다. 일반적인 농사를 위한 땅 지방의 땅들 개발 호재가 없는 곳의 귀농을 목적으로 하거나 쌀을 제배하기 위한 용도의 땅들은 싸다.

과연 무엇이 옳은 것일까? 내 개인적인 의견으로는 팔아서 더 좋은 움직이는 땅을 알았다면 옮기는 것이 좋다고 할 수 있다. 10년 동안 변하지 않은 가격, 그리고 서산의 땅이 밑으로 꺼져버린 상태의 땅을 내년 또는 내후년에 판다고 해서 가격이 2배, 3배 오를까? 개발 호재가 직접적으로 영향이 없는 곳이라면 의미가 없다. 그냥 묵혀두는 자산일 뿐이다. 거기에 언제 또 매수자가 나타날지 모르는 일이다.

농지의 가치가 적게는 1만 원 하는 땅이 50만 원으로 오른다면 당신은 50배의 수익을 올릴 수 있다. 만 원의 땅을 100평 가졌다고 가정해보자. 이게 개발의 호재가 생겨서 50배의 수익을 올렸다면 당신은 5천만 원을 벌 수 있다. 100만 원을 투자했을 뿐이다. 개발의 호재에 따라서 그 가치가 x로 환산되는 것이 토지이며 농지는 저평가된 토지이기 때문에 더 매력적인 것이다. 이미 개발이 다 된 도시의 상업지구의 땅값은 당신이 관심이 없었더라면 실제 거래가격을 보면 놀랄 것이다.

개발의 호재가 생기면 농지일 때라도 가격이 오른다. 개발 행위를 현재에는 할 수 없더라도 개발이 실현되는 시점이 될 때는 농지가 용도가 농지에서 대지로 용도 변경이 되면서 땅의 계급상승으로 인해서 가격이 올라간다. 그것도 수배로 그것이 개발의 호재를 가진 농지가 마법처럼 가격이 오르는 실체이다. 전에도 그렇게 마법처럼 변했으며, 지금도 변하고 있다.

토지는 보통 사면 오랜 기간 묵혀둬야 한다고 생각한다. 그 생각은 맞기도 하지만 지금은 그렇지 않다. 그건 그냥 단지 농지의 용도만 하는 땅이 그렇다. 위에서 이야기한 서산 땅의 사례처럼 농지로써만 가치가 있을 때는 오랜 기간 묵혀두게 될 수밖에 없다. 매수자가 나타나서 그 매도한 돈으로 다른 곳으로 투자하기 전까지는 말이다.

가지고 있던 논밭 앞에 전철역이나 도로가 들어서면서 앞의 땅이 수용이 되었지만 내 땅은 용도구역이 변경되면서 가격이 수배에서 수십 배가 오를 수 있는 것이다. 입지에 따라서 가격이 가치가 생기며 용도에 따라서 건물을 올릴 수 있게 되는데 그런 땅에는 보통 대형 빌딩이 들어선다. 우리는 꼬마 빌딩만 소유하는 것이 꿈인 사람들인데 역세권의 새로운 용적률을 적용받은 토지는 그 가치로 높은 빌딩의 가치로 재탄생한다. 당신은 그저 역세권이 개발되는 곳의 농지에 투자한 것으로 말이다.

농지를 사놓고 역세권 개발이 실현되는 시점에서 여러 가지 보상의 형태가 있다. 개발이 되고 그 땅의 용도 변경이 되면서 건물을 지을 수 있게 용도 변경이 되어서 보상을 통해서 돈으로 받지 않고 땅으로 받겠다고 하거나 아니면 입체환지로 건물로 받겠다고 하였을 때 개발이 된 땅에 들어선 상가 빌딩에서 임대수입을 올릴 수 있게 되면 땅주인에서 건물주까지 될 수 있다. 혹은 환지로 보상을 받아서 내 땅이 100평이 넘어간다면 그 자체를 받아서 스스로 빌딩의 건물주가 될 수 있다.

이렇게 역세권에 있는 땅의 가치는 높은 용적률과 많은 인구의 유동성들로 인해서 가치가 가장 높은데 이 농지였던 토지가 개발이 이뤄져서 용도 변경과 함께 건물이 올라가서 건물이 올라간다면 거래도 잘 될뿐더러 누구나 돈이 있다면 소유하고 싶은 땅이다. 사람이 많이 이용하는 역세권에 토지위에 세워진 빌딩을 소유한 주인이 매달 따박따박 빌딩에서 임대수입으로 수천만 원씩 수입이 생기는데 이를 포기할 사람은 그 가치를 모르거나 어쩔 수 없는 경우이지 흔치 않다.

한 채의 아파트보다 땅을 사고 집을 사는 것이 순서다

농지의 토지가 위에처럼 빌딩이 세워지는 상업지구의 용도로 변했다면 당신은 엄청난 부를 가지게 될 것이다. 그러나 빌딩이 세워지는 땅이 아닌 주거지역으로 용도가 되었다면 아파트 단지가 들어올 것인데 아파트더라도 농지토지에서 아파트로 변했다고 하더라도 건물을 사는 것보다 훨씬 더 많은 수익을 가져다 줄 것이다.

농지 토지가 역세권 아파트가 되었다면 여러 채의 아파트를 보유하게 될 것이다. 원래 가졌던 농지토지의 평수에 따라서 다르겠지만, 100평 이상의 토지를 소유하였다면, 여러 채의 아파트를 가지게 되고 이를 판매할 수도 임대수입을 올릴 수도 있을 것이다. 아파트를 사려고 돈을 모으는 것이 먼저가 아니라 땅을 사고 집을 사는 것이 순서가 맞다.

중요한건 이렇게 농지가 쌀 때 구입을 해서 내가 가진 땅의 주변에 개발의 호재가 생기면서 부자로 만들어준다는 것이다. 이렇게 개발 될 곳을 찾아서 서류화가 진행된 시점에는 투자하러 들어가도 된다. 서류화로 나오기 전에 들어가면 언제 이뤄질지 무작정 기다려야만 하며 10년이 아닌 그 이상 걸릴 수도 있다.

GTX 소식은 부동산을 하는 사람에게도 안 하는 사람에게도 관심이 많다. 그러나 착공이 들어간 A라인이 가장 빠르게 진행되겠지만 구간이 어느 정도냐에 따라 완공되고 개통 시기가 다르겠지만 보통은 7년 이상 10년 정도로 보는 것이 맞다. GTX의 경우에는 이미 확정이 되었고 위치까지 알려진 상태이다. GTX의 노선을 따라서 투자하는 사람들이 있고 이왕이면 내 집을 산다면 그곳에 사는 것도 괜찮다. 하지만 GTX 노선이 위치하는 곳은 이미 도시가 완성되어서 투자로 들어가려면 많은 돈이 필요하다. 들어갈 수 있고 자금이 있다면 반대하진 않겠다. GTX 주변의 땅값은 계속 해서 오르겠지만 크게 뛰는 때가 3번 있다. 발표시점과 착공시점 그리고 완공되어서 개통되는 시점이다.

재테크를 이제 막 시작하는 사회 초년생이라면 돈이 많지 않다. 적은 소자본으로 투자를 해야 하는데 자금이 부족할 수도 있고 많은 것을 포기하며 즐길 것 못 즐기고 종잣돈을 모아야 한다. 수도권의 새로운 신설 역세권에 투자하는 것은 실패하지 않는 투자처인 것은 맞다. 그곳에 거주지를 정하고 사는 것이 아파트 가격 상승과 함께 안전한 투자일수도 있지만, 내가 말하는 재테크는 건물 한 채를 사기 위한 재테크가 아니다.

건물 한 채로 나의 미래를 겨우 연명해 나갈 수는 있으나, 여유로운 삶과는 거리가 멀다. 또한 나의 자녀 그리고 당신의 자녀에게도 무엇인가 물려주고 싶은 것이 있지 않은가? 물려줄 수 있는 자산을 위해선 더 큰 돈이 필요하다. 그러기 위해 돈이 적게 들어가며 수익률이 높은 것에 투자할 필요가 있다.

저평가된 개발 호재가 있는 곳에 개발 호재의 영향을 받는 곳의 농지에 5,000만 원이면 5,000만 원, 최소 3,000만 원이라도 넣어서 당신의 미래에 살집과 경제적인 자유를 얻을 수 있는 임대수입까지 얻을 수 있는 그 저평가된 농지에 투자해라. 그렇게 한다면 당신에게 그 농지가 건물을 지을 수 있는 주거지역이든 혹은 더 금싸라기가 될 수 있는 땅으로 용도 변경을 통해서 5,000만 원이 50억 원이 될 수도 있는 일도 가능한 일이다. 판교도 최근 7년 사이에 테크노벨리 IT사업이 확장됨에 따라 100만~200만 원하던 농지의 토지들이 지금은 판교역 앞의 현대백화점이 평당 2억3,000만 원까지 가고 있다. 1채의 아파트보다 토지에 관심을 가져야 할 시기가 얼마 남지 않았다.

토지 투자, 원 포인트 레슨! ⑤

기업과 역이 만들어지는 곳이 황금 땅이다

산업단지가 들어오는 것만으로 토지 가격이 엄청난 움직임을 보인다. 그리고 산업단지가 있는 곳과 신설 역이 들어서는 곳의 역세권이 최고 중에 최고이다. 기업들이 일자리를 만들어내고 소비를 위한 역세권이 형성되면 교통의 발달과 함께 폭발적인 성장과 꾸준한 성장을 만들어 낸다. 개발 호재의 중요 포인트이다.

땅테크, 철도를 보면 돈이 보인다

트렌드가 역세권을 중심으로 신도시가 만들어지고 있다

대한민국 강남의 러시아워에 대해 다 알고 있을 만큼 또한 서울로 통하는 도로는 너무나 많은 차량으로 인해 항상 교통문제로 시달린다. 일자리가 서울을 중심으로 있기 때문에 인구의 절반이 수도권을 중심으로 살고 있는 것이다. 하지만 이제는 도로에서 철도로 사람이 모이고 있다.

자차를 통해서 출근을 하려면 어느 정도 교통체증을 예상하고 출근해야 하고 도로에 문제가 생기면 지각이나 약속시간에 늦을 수밖에 없다. 그래서 국가에서 수도권으로 직장을 다니고 있는 사람들을 위해서 신도시들을 개발하고 추가로 집을 늘려주는 정책을 추진하고 있다.

GTX 개발이 계속 화두에 오르고 관심이 높아지는 이유는 많은 사람들의 통근 루트가 서울을 중심으로 분포돼 있어 수도권 안에서 서울까지 더 가깝게 이용하기 위함이다. 일본의 경우, 도쿄만 해도 고속철을 이용해 도쿄 외곽에서 도쿄로 들어오는 게 용이하기 때문에 거리가 좀 있어도 외곽에 살면서 좀 더 풍족한 삶을 살고 있는 것이다.

고속철도의 발달로 2030년에는 서울에서 출발한 지 20분만에 부산에 도착할 수 있는 날이 올지도 모른다. 현재 테슬라에서 개발하고 있는 하이퍼루프의 초고속 이동 수단이 수많은 테스트를 통해서 개발 중에 있으며 미래에는 도시간의 경계가 더 무너질 것이다.

사람들이 많은 이용을 하고 사람을 따라 돈이 모인다! 사람들이 많이 모이면 그 장소에서 회의와 만남을 하기 편한 곳이 된다. 많은 사람들이 그곳에서 영화나 뮤지컬 등을 보는 문화생활을 영위하느라 머무는 시간이 늘어난다. 백화점이나 이마트 등 각종 편의 시설이 다 철도를 중심으로 도시가 개발되는 것이다.

우리나라만 해도 여러 지방의 철도들의 상황을 보면 고속전철이 있어서 전 국토를 반나절만으로 이동이 가능하게끔 하고 있고 그곳을 중심으로 도시가 개발되고 사람이 많이 모이고 있다는 것을 알 수 있다. 광주

송정역을 보면 그곳이 광주의 이미 다른 철도가 있음에도 고속전철이 있는 곳을 중심으로 개발되어 사람이 모이고 분주한 사람의 향기를 느낄 수 있는 삶을 그곳에서 만날 수 있다.

이렇게 도시의 중심은 고속전철 혹은 전철을 중심으로 발전되고 개발되고 있기 때문에 이곳이 중요한 위치인데, 만일 이 곳에 이마트나 백화점이 들어오고 다른 큰 빌딩들이 들어와서 상권을 형성하고 있다면 가격이 어떨까? 보통 서울의 역 앞에 빌딩자리를 보면 비싸겠지만 생각하지만 가격이 얼마나 하는지 모른다. 토지 가격의 실체를 모르는 일반인들이 너무 많다.

앞서 이야기한 판교의 경우에도 현대백화점 자리가 평당 2억 원이 넘어서고 있으며 이는 7년 만에 개발된 도시의 중요한 노른자 땅이다. 안양 범계역만 해도 뉴코아 자리가 현재 1억 원이 넘어서는데 100만~200만 원이었을 때 들어왔다면 400% 이상의 수익이 불가능할까? 가능하다. 왜냐하면 이곳들도 개발되기 전에는 농지였기 때문이다.

세금으로 개발해야 하는 철도를 농지 위에 건설해야 하는 이유는 농지 가격이 저렴한데다 국가적으로 점점 불필요해지고 있기 때문이다. 신도시가 개발되기 위해서 많은 땅이 필요해서 산이나 도시 위에 만들게 되면 많은 천문학적인 금액이 필요하다. 도시의 안에 만들어주는 역은 이미 도시 안의 빌딩이 들어서 있는 곳들의 보상을 너무 크게 해줘야 하기 때문에 돈이 많이 든다. 많은 시민들이 불편함을 느끼는 곳에는 역을 만들어 주고 기업이 들어서는 땅이 넓은 농지에는 신설 전철을 농지 위에 개발하여 국토를 개발하는 것이다.

국토의 70%가 산인 우리나라는 농지가 20% 그리고 10%가 도시로 개발되어 있는데 불필요한 농지들을 새롭게 개발하여 기업들이 들어와서 발전시킨다. 현재 우리나라에서 농지에 농사를 짓는 사람들이 많겠는가? 지금 당장 지방의 농사짓는 곳들을 가보면 농사를 짓는 사람이 거의 없다.

역세권의 개념을 이해하고 투자를 하라

그래서 땅을 통한 수익률이 4배를 올릴 수 있는 곳은 지방의 개발의 호재 특히 신설 역세권이 들어서는 곳이다. 물론 해당 지역의 신설 역이 생긴다고 해서 전부 다 400% 수익을 가져다주는 것은 아니다. 앞서 이야기한대로 중요한 위치 신설 역의 앞에 역세권을 중심으로 개발되고 농지가 대지로 바뀌면서 저평가되었기 때문에 투자란 저평가 되어있을 때 투자하여 고평가를 받을 때 매도할 수 있는 것이 투자의 핵심이니 만큼 그곳에 관심을 가져야 한다.

이제 우리나라뿐만이 아니라 전 세계는 철도로 연결이 되고 있다. 우리나라는 특별한 상황에 따라서 세계에서 유일한 분단국가로 남과 북이 나눠져 있어서 유라시아 철도가 우리나라와 북한과의 연결만 끊어져 있는 상황이지만 계획처럼 언젠가 유라시아 철도가 이어지면 세계로 이어지는 물류와 세계 철도여행을 통해 더 넓은 대한민국의 입지가 더 좋아지게 될 것이다.

파리의 리옹도 앞에서 사례를 들은 바와 같이 파리와 리옹을 도시와 도시를 고속전철로 연결하면서 리옹의 입지가 좋아짐에 따라서 사람들이 리옹을 이용하고 리옹이나 일본의 역세권 도시들에서도 백화점에서 쇼핑 및 문화생활까지도 할 수 있는 공간을 만들고 머무는 시간이 많아졌고 우리의 역세권들을 봐도 역을 중심으로 역세권에는 전부 사람들이 모이며 소비가 이루어진다.

사람들에게 시간은 중요하다. 누구에게나 시간이 중요하고 누구나 동일하게 가지는 시간은 24시간이다. 시간을 어떻게 사용하느냐에 따라서 미래가 바뀌고 역세권의 개념은 더욱더 확장되어 넓어져가고 있으며 더 교통이 복합적으로 발달함에 따라 이동하는 시간을 줄이고 그곳에서 많은 시간을 보내는 것이다.

이런 고속전철이 발달하여 시간과 공간의 개념으로 복합 환승역이 만들어짐으로 인해 환승역을 중심으로 신세계백화점 및 각종 상가들이 빼곡하게 들어서있다. 버스정거장과 택시 승강장 및 지하철과 SRT, KTX까지 동대구에서 어디로든 이동이 편리하게 만들어지고 있다. 만나서 쇼핑도 하고 많은 시간을 보낼 수 있게 되어있는 곳으로 그 지역의 랜드마크가 된다. 우리들도 약속장소가 다 역을 중심으로 모이지 않는가? 상가뿐만 아니라 주거지도 이런 교통이 편한 곳을 중심으로 해서 많이 몰려있다.

동대구역은 복합 환승역으로 역세권의 개념이 기본적인 역세권보다 더 넓다. 기본적인 역세권은 500m 안을 역세권으로 개념을 정리하고 있으며, 네이버에서도 찾아보면 역세권의 개념을 참고할 수 있다. 그러나 KTX 같은 고속전철이 지나가는 역세권은 1km까지를 역세권으로 하고 있으며, 복합 환승역은 그 범위가 더 넓다.

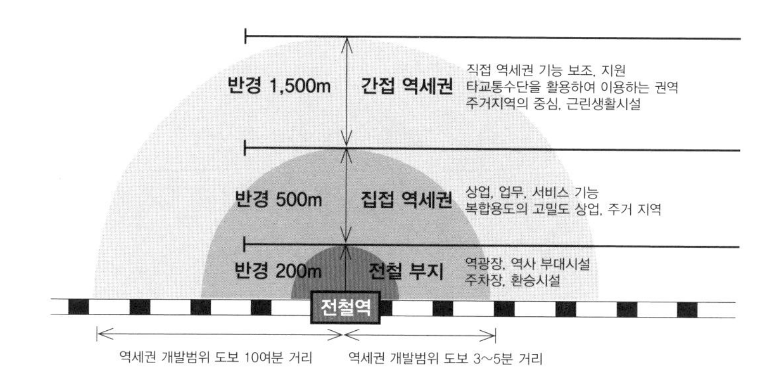

전철역 역세권의 개념

이런 역세권의 범위에 따라서 투자를 할 때에도 조심해야 할 것이다. 신설 역이 생길 때에는 500m 안의 범위를 생각하고 투자를 해야 한다. 고속전철이 들어오는 역세권에 투자를 한다고 했을 때 500m 안쪽에 더 가까울수록 좋은 땅이라고 생각하면 수용당하는 땅이 될 수가 있다.

신설 역세권이 들어서는 곳에 땅을 사라. 그곳에 역세권의 개념을 알고 투자를 한다면, 철도가 들어서고 역세권 개발에 따라서 신설 역세권을 중심으로 개발이 되는데 너무 가까운 부분은 철도나 역사관련 건물로 수용될 수 있다.

역세권 범위가 고속이냐 단선이냐 부분에 대해 인지를 하고서 토지를 매매하면 수용당하지 않는 토지를 살 수 있을 것이다. 신설 역세권개발이 되는 곳에 관심을 가져보면 그곳은 수많은 빌딩을 들어서고 아파트의 건물이 들어서면서 돈이 흐르는 지역이라고 할 수 있는데 개발이 됨으로 인해서 돈이 흐르는 곳에 투자를 해놓아야 돈을 많이 벌수 있지 않겠는가?

평생을 모아서 집 한 채를 갚아 가는 노예 신세 대신에 건물주 혹은 아파트 몇 채를 가져가게 되면서 경제적으로 훨씬 더 자유로운 삶을 살 수 있을 것이다. 월급을 받아서 이자를 갚으면서 집 한 채를 매매할 것인지 아니면 집이 될 땅을 살 것인지 생각해보기 바란다.

부동산보다 매력적인 투자 대상은 없다

교통이 편한 역세권의 부동산의 입지가 최고다

한국의 부자들 중에 80%는 부동산으로 자수성가 하였다. 20%는 주식과 사업으로 자수성가 하였다. 부동산은 주식이나 사업보다 안전하며 입지를 잘 보는 눈만 있다면 수배의 수익을 얻을 수 있다는 것을 부자들은 알고 있다. 그래서 아무것도 모르는 일반인들도 부동산을 구매하기 위해 노력하고 있다. 집 한 채를 사서 부자가 될 수 있을까? 주식 또한 분산 투자를 하지 않는가? 하나에서 오르길 기대하는 것보다 다른 오를 수 있는 여러 가지의 것들로 인해서 수익을 안전하게 가져가기 위함이다.

우리나라 3대 부동산 부자들은 사람들이 모이는 입지의 역세권 핵심 부분에 빌딩을 소유하고 있거나 빌딩의 크기가 작아도 대지면 적이 높은 그런 곳들을 소유하고 있다. 역세권도 역이 하나인 단선역과 2개, 3개인 환승역과는 다르다. 사람들이 많이 모이는 곳을 중심으로 땅값이 많이 오르기 때문에 그런 곳에 투자를 해야 한다. 계속해서 땅값이 오르는 곳에서 사람들이 많은 시간을 머물면서 소비를 하면서 붐비는 장소가 되는 것이다. 8시간 상권이 만들어져 있는 곳과 24시간 돌아가는 상권이 만들어져 있는 곳 중 어느 곳이 장사가 잘 될 것인가?

유명 연예인이나 고위 공무원들은 개발 뉴스가 나기도 전에 최근엔 LH직원들이 앞선 정보를 통해 50억씩 대출을 해가며 투자를 하고 있다. 확실한 정보가 아니라면 그렇게 까지 대출을 해서 투자를 할까? 연예인들 100%가 정보를 미리 알고 샀다고 말을 할 수는 없으나 어디서 정보를 접했기 때문이다. 바로, 관심을 가졌기 때문이다.

공인들(공무원과 연예인)과 일반인들의 차이점은 무엇일까? 일반인들은 정보를 들어도 나한테 이런 정보가 들어왔다는 건 이미 늦었다고 생각한다. 혹은 "정말 개발이 되겠어?"라며 의심한다. 그런 이유는 주변에 그렇게 돈을 번 사람이 없기 때문에 믿을 수 없는 일이지만 공인들에게는 그런 소식이 일반사람들과 달리 개발이 되거나 좋은 입지의 부동산을 사서 큰 시세 차익을 얻는 일들이 많기 때문에 재산을 증식시키기 위해서 투자를 하는 것이다.

가끔 예능 프로그램에 나오는 연예인들의 재산에 대해서 재미로 나오는 내용들을 본적이 있지 않은가? 나는 개인적으로 예능 프로그램은 보지 않지만, 재테크 내용으로도 나오는 일들이 많다. 〈라디오 스타〉에 송승헌이 나와서 빌딩부자라고 했던 걸 본 적이 있는데, 실제로 그가 구입한 빌딩은 시세 차익으로 130억 원이 올랐다고 했다. 서장훈은 200억 원대의 빌딩부자이며, 전지현은 삼성동 공항터미널 맞은편 건물을 325억 원에 샀으며 이곳은 지하철 9호선 봉은사역과 삼성중앙역 대로변 코너의 건물로 인근에는 현대차그룹 글로벌비지니스센터(GBC)가 있다. 우리나라 최고층의 랜드마크가 될 건물로 자리 잡으면 입지는 더욱더 좋아질 것으로 보인다.

하정우는 종로에 있는 건물 73억 원에, 방이동 건물을 127억 원에 샀다. 이 건물들은 대출이 50%가 넘어간다. 하정우의 이름으로 신용도가 높기 때문에 가능한 점이다. 연예인들도 부자이며 부자들은 신용도를 바탕으로 큰 대출을 이뤄내서 투자를 한다는 점이 여기서도 나오고 있다. 이병헌과 권상우도 방송뿐만 아니라 부동산에도 엄청난 재능이 있어서 이병헌 또한 서울 영등포에 지하2층, 지상 10층 규모의 건물을 가족법인 명의로 샀는데 260억 원의 건물이다. 이밖에도 많은 부동산을 가지고 있는 이병헌과 마찬가지로 재테크 고수로 유명한 권상우도 240억 원가량을 대출 받아 280억 원의 서울 등촌동의 건물을 40억 원을 투자해 280억 원의 건물의 건물주가 되었다. 이 밖에도 수없는 사례가 많으며 재산을 증식하고 있다.

확실한 정보를 알고 있는 사람들이 선택한 재테크

국회의원들의 부동산 그 진실! 부동산하면 국회의원들을 빼놓을 수 없다. 앞서 이야기했었던 공인들 중에서도 강용석 변호인은 전 국회의원으로 지금은 방송인으로 활동하는데 예전 〈호박씨〉에서 판교가 한창 신도시 개발 이전인 2003년에 구입한 44평을 1억2,000만 원을 주고 매입해 15억 원이 됐다고 말했는데 지금은 더 높은 가격이 할 것으로 추정된다. 도로확장 공사로 인해서 강용석의 땅이 도로와 인접하게 되면서 15억 원으로 올랐다는 것이다. 강용석은 부동산의 투자 노하우로 도시계획을 먼저 확인한다고 했으며 부동산에 대한 지식과 정보로 인하여 개발이 되기 전 정보가 돌 때 관심을 가지고 투자하여 이렇게 큰 수익을 올린 것이다.

다른 소식들도 뉴스에 올라오고 있는데 그중 경북 도청 공무원들이 신도시에 인접한 군유지를 도청 공무원들에게 헐값에 수의 계약으로 매각해서 논란이 되었다. 예천군에서 평당 11만 원에 사들인 이 땅은 당시 40만 원이었으나 이 부지가 사업지구에 선정돼 1년 만에 7배나 뛰게 되었다. 34명이 공동명의로 이들은 전부 다 공무원이었다. 감사관 소속도 4명이나 포함되어 있었다. 신도시 진입로가 예정된 부지라 실제로 시세차익은 엄청나다는 말이 부동산의 관계자들에게서 전해지고 있다.

고급 정보를 아는 이들은 이렇게 땅 투기를 하는데 사전에 용도 변경이나 토지 개발 정보를 미리 알고 투자를 하는 것이 많고 이를 위해 앞서 이야기한 강용석처럼 엄청난 수익을 올리게 되는 것이다. 우리 같은 일반 서민들은 별로 많지도 않은 200만~300만 원의 월급을 따박따박 알뜰하게 모아서 집을 사는데 급급해 하고 있다. 일부 재테크에 관심도가 높은 사람들은 이런 정보나 재테크 공부를 통해서 월급만으론 답이 없다. 라는 결론을 나처럼 세운 서민들의 경우는 적극적인 공격적 투자를 통해서 수익을 올려서 미래를 준비하고 있다.

중요한 포인트는 개발 호재가 있다는 확실한 정보의 땅은 일단 내 돈 20%만 마련한 후 감정가의 80%로 대출을 받아 구입해야 한다는 것이다. 그 후 10년 안팎으로 3%의 이자만 내다가 팔아도 큰 이익을 볼 수 있으며, 혹여 팔지 않아도 나중에 이곳이 개발이 될 때 용도 변경을 해서 건물로든 땅이든 보상을 받으면 임대수익을 얻을 수 있다. 이것이 1억 원으로 15억 원을 만들거나 2억 원으로 30억 원을 만드는 것이다. 이런 것을 알기 시작한다면 서울 아파트 투자는 사실 수익률 면에서 그 차이가 엄청나다는 생각이 들 수도 있으며, 1억 원을 가지고는 서울의 땅 한 평을 사는 것이 고작일 수 있는데 아파트를 사기 위해 노력한다는 점이다.

최고의 희소성은 부동산인데 모든 부동산들은 토지 위에 지어지며, 그 토지가 위치한 입지에 따라서 사람들이 얼마나 오갈 수 있고 편의를 도와주며, 시간을 절약할 수 있게끔 만들어 주는 입지인지에 따라 돈의 흐름이 달라진다. 건물은 시간이 지나면 노후화가 되고 극단적으로 이야기하자면 우리나라의 경우 북한과 전쟁이 일어난다 하여 건물들이 미사일에 폭격을 받더라도 건물들은 손해가 엄청나지만, 토지의 경우는 어떠한가? 토지는 그냥 원형지 그대로이다. 미사일에 의해서 움푹 파이더라도 메꾸면 그만이지 그곳이 차지하는 용도는 변함이 없어서 그 가격 그대로 손해가 거의 없다.

건물(아파트)은 내가 사고 싶을 때 그냥 가서 근처의 매물을 확인하고 없으면 옆 동의 건물을 사면 그만이다. 옆 동의 건물 혹은 사고 싶은 층의 밑층이어도 구조가 거의 비슷하기 때문이다. 그러나 땅은 상업용도냐 주거용도냐 따라서 가격이 달라진다. 내가 가진 한 평이 상업용도라면 주거용도의 땅과 가격차이가 3배~4배 정도 난다.

토지 투자, 원 포인트 레슨! ⑥

싼 땅이 비지떡이다

누구나 어떤 물건이든 저렴한 가격에 구입하여 손해를 보지 않으며, 수익률을 극대화 하고 싶어 한다. 그리고 가격이 싼 땅들은 그러한 이유가 있다. 개발이 아직 확정이 되지 않았거나 아니면 그 정도 가치를 하지 않는 땅인 것이다. 개발 호재가 있는 땅의 가격은 일반적인 땅과는 가격차이가 많이 난다. 미래가치를 생각하면 비싼 가격이 아니지만 농사만 짓는 땅과의 가격을 비교한다면 토지 투자를 할 수 없다.

단 5%미만 미래에 개발될 땅에 투자하라

신도시는 농지 위에 만들어진다

우리나라에는 세계 3위 규모의 인천 국제공항이 있다. 엄청난 관광객들과 이용객들이 즐겨 찾으면서 세계적인 교통의 중심지로 발돋움하고 있다. 동북아시아의 허브 공항으로 자리를 더 넓혀 가기 위해 지금 제 2 여객 터미널 확장, 제 4활주로 개발 등 교통을 더욱더 발전시키고 있다.

이런 우리나라에는 동과 서로 크게 구분되고 동쪽에는 태백산맥을 중심으로 있으며 서쪽엔 평평한 농지가 많다. 이런 지리적 요인 때문에 김해평야나 당진 등 서쪽들에서 농사가 많이 이루어졌다. 우리나라를 크게 보면 전 국토의 70%는 임야로 동쪽에 많이 치우쳐 있으며, 20%는 농지 서쪽에 있고 나머지 10%가 수도권을 중심으로 각 지방의 중심지들이다.

우리나라는 이런 지형적인 특징으로 인해서 현재 각각 동쪽이나 서쪽에서 개발되던 계획들이 이제는 서쪽으로 많이 몰리고 있는데 이렇게 되는 이유는 수출하기에 용이하고 우리나라의 물건들을 많이 이용할 대상의 시장이 아시아와 중국 등 서쪽에 주로 분포해 있기 때문이다. 이 뿐만 아니라 앞서 이야기했던 대로 우리나라는 동쪽에는 산이 많고 서쪽엔 농지가 많은데 개발을 할 때도 그 점이 훨씬 더 유리하게 작용한다.

국가의 개발을 위해서 기업의 발전할 곳을 기준으로 개발하며, 동쪽에 개발을 한다고 하면 산들을 깎아서 개발을 해야 하는데 더 많은 자금이 들며 개발의 범위에 따라서 확장이 된다면 더 많은 대지가 필요하게 될 것인데 매번 산을 깎아서 개발을 하는 것이 편하겠는가? 아니면 평평한 농지를 개발하는 것이 더 편하겠는가? 평평한 농지가 개발이 안 된다, 라고 하는 말은 그 말은 옛말이다.

지금은 사람들이 대부분의 식사를 쌀로만 하지 않는다. 하루에 3끼를 챙겨먹는 사람도 드물어지고 있으며 각종 인스턴트와 글로벌적인 음식들에 의해서 쌀이 아닌 다른 음식들로 끼니를 채우고 있지 않은가? 그 정도로 쌀이 소비가 되는 시장이 이전과는 음식문화가 바뀌었다.

음식문화가 바뀌면서 쌀의 대한 소비도 적어졌으며, 우리나라도 반도체 등과 여러 수출품들로 인해서 수출을 하면서 우리도 다른 나라에서 물건들을 수입해야 하는데 농산물도 빠질 수 없다.

이렇게 외국에서 쌀 수입을 하기 때문에 국가에서 쌀을 만들어내는 농지가 예전만큼 필요치 않으며 국가에선 개발을 하기 위해서 대기업과 소기업들이 공장을 지어야 하는데 땅이 어디 있겠는가? 불필요하게 노는 땅이 있다면 이를 사용하여 개발하는 것이 국가적 측면에서 윈윈이 당연하다.

농사를 짓는 지방에 내려가 보면 인구면에서도 많이 변했다. 이제는 더 이상 농사를 짓는 사람이 거의 없다. 그래서 이렇게 국가에 20프로의 남아도는 농지를 국가에서 법을 제정하여 특별한 상황에 따라서 개발이 가능하게끔 하고 국가개발을 위해 농지들을 풀어서 도로나 철도 등의 경우에는 농지를 소유하고 있는 지주의 경우에는 농지가 용도 변경을 통해서 국가사업을 통해서 역세권 개발 등에 의해서 엄청난 수익률을 올릴 수 있다.

새로운 역이 들어설 곳, 5% 미만인 곳에 투자하라

대한민국에서 개발이 될 수 있는 땅은 5% 미만이다. 전국에 농지의 비율이 20% 정도라고 했지만 모든 농지를 개발하는 것은 아니다. 앞서 이야기한 농지가 개발되는 곳은 엄청난 수익을 올릴 수 있지만 아무 곳이나 개발하는 것이 아니다. 기업이 들어가고 기업엔 사람들이 일하며 사람들이 이동함으로서 사람들이 일을 하며 거주가 가능하고 소비가 편리하게끔 주위에 편의 시설 등이 필요하게 된다.

지금은 도로에서 철도로 교통망이 개발되고 있는데 전국에 역이 점점 늘어나고 있다. 올해 2020년 정부에서 2030년까지 대도시권 광역교통망을 철도를 중심으로 재편하며 철도망도 2배로 늘리겠다는 계획을 발표했다.

현재 GTX 등으로 수도권으로 인접하게 되는 시간이 더 짧아지며 이런 고속철도로 인해서 한 번에 많은 사람을 이동시켜서 적게는 몇 백에서 몇 천 명씩 이동이 된다. 도심으로 들어오는 교통량의 분산이 필요해서 외곽도로의 개선도 나선다. 정부는 수도권 주요거점을 광역급행철도로 연결해 파리, 런던 등의 세계적인 도시 수준의 교통망을 목표로 계획하고 있다.

교통망이 발전하고 기업이 들어서는 이런 호재들이 들어서는 곳에 따라 사람이 모이고 개발이 되는데 그렇지 않은 전국의 토지 임야 등 중에서도 개발의 호재가 없는 곳의 투자를 생각하고 있다면 한번쯤 다시 생각해 보길 바란다. 귀농을 하여 자연이 좋은 그곳에서 미래에 농사를 짓고 조용하게 살고 싶다면 그렇게 하는 것이 좋겠지만 투자로써 땅을 사고 그 땅의 수익률을 생각하고 투자한다면 물론 그렇겠지만 개발 호재를 확인 또 확인해야 한다.

개발 호재가 있다고 하면 좋은 신호이겠지만, 개발 신호가 있지만 언제 될지도 알 수 없는 곳들도 있다. 국가에서 개발을 위해서 각 지자체의 개발 계획을 많이 세운다는 것을 알고 있겠지만 다 개발 계획대로만 이뤄지는 것이 아닌데 이것은 계획이 있더라도 실제적으로 얼마가 들어갈지 그리고 개발을 할 때에 수익률이 있을 것인지 중요도와 복잡한 민간 회사들과의 문제들이 해결이 되어야지 할 것이다.

개발이 된다는 이야기가 말로 전해질 때 카더라 통신이 아닌 기사가 나고 나서도 국가에서 하는 사업의 경우엔 예산과 시기가 서류화로 되어 계획이 이루어진다는 것이 사실로 되어서 실제로 첫 삽을 뜬다고 하는 것처럼 착공이 들어간 후에 투자를 한다면 사업이 진행되는 것이고 그 일대의 토지를 중심으로 매물을 알아보는 것과 더 자세한 정보를 알아볼 필요가 있을 것이다.

정부에서 2030년까지 철도를 중심으로 철도망 2배 계획이 있다. 앞으로 새롭게 만들어질 역은 농지 위에 개발하는 것이 국민의 세금으로 개발하는 데에도 저렴하다. 고속전철 철도망이 만들어지는 곳의 역세권에 투자를 하면 엄청난 수익을 얻을 수 있으니 관심을 가지고 알아본다면 당신을 부자로 만들어줄 수 있는 최고의 투자처가 될 수 있다.

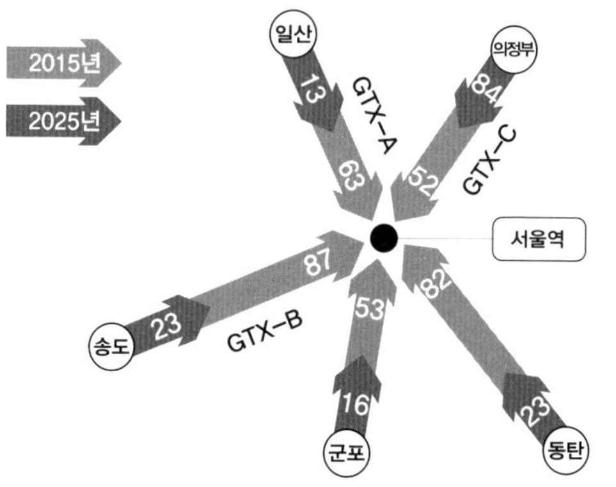

향후 10년 간 건설되는 국가철도망

짐 로저스를 알고 있는가? 짐 로저스는 월가의 투자 전문가로서 워런 버핏과 그리고 조지 소로스와 함께 세계 3대 괴물로 불리는 투자 전문가이다. 은퇴를 하였으나 세계정세와 경제의 흐름을 읽는 관점이 워낙 대단하다 보니 그의 말에 주목을 한다.

그런 그가 한국에 대해서 이야기한 부분이 있다. 우리나라가 북한과 더불어 철도가 연결되면 유라시아 철도를 통해서 엄청난 사람들이 관광을 하러 몰려올 것이다. 그렇게 되면 한국은 유럽과 육상으로 연결되어 비행기 철도 자동차를 타고 BTS 케이팝의 나라에서 전국이 명동이 될 것이라고 내다보고 있다.

대한민국의 미래에 개발될 땅에 투자하라! 짐 로저스가 말한 이 대한민국에 통일이 되면 살고 싶은 우리나라 안에서도 유라시아뿐만 아닌 철도가 연결되거나 교통이 편리해지고 발달이 되는 곳이 농지에서 마법처럼 건물들이 들어서고 도시로 외국 사람들이 몰려와서 문화생활과 시간을 소비할 곳에 돈이 흐름이 있다.

개발이 되지 않는 곳엔 사람의 발길조차 닫지 않으며 그런 곳에 아무리 근사한 빌딩을 지어도 혼자만 좋을 뿐이다. 투자란 수익을 올리기 위해서이다. 수익률이 높을수록 좋은 것 아닌가? 당신이 부자가 되고 싶다면, 개발 소식이 확실한 곳, 대한민국 5% 미만 입지의 농지를 투자처로 하여 최고의 수익률을 올리기 바란다.

오르는 땅의 패턴을 보면 돈이 보인다

부자가 되기로 선택하고 더 큰 미래가치에 투자하라

안양 범계역의 마법을 앞선 장에서 소개한 적이 있다. 안양의 그곳은 원래 농지였으며, 전철역이 들어오면서 땅값이 엄청나게 올라간 이야기를 자세히 보고자 한다. 보통의 일반사람들은 역이 들어온다고 하면 GTX처럼 역이 들어올 곳의 아파트나 주거지를 산다. 이 투자방법이 나쁘다는 것은 아니다. 이런 투자를 할 수 있는 것도 좋은 방법이지만, 예를 들어 A와 B란 복부인들이 안양 범계역이 개발된다는 소식을 듣고 안양 범계역이 생길 그곳을 가서 조사를 한 후에 A는 농지를 투자하고 B는 근처의 미륭아파트를 사기로 결정한다. 1994년, 전철이 개통되기 전, 2억씩을 투자했던 두 명의 결과는 어떻게 되었을까?

A와 B는 똑같은 투자금으로 같은 지역의 개발 호재에 따른 투자를 하였지만 결과는 전혀 딴판이 되었다. 범계역의 개발이 되는 평당 200만 원인 농지를 산 A는 현재 8,000만 원에서 1억2,000만 원 하는 뉴코아 자리 덕분에 수천억의 부자가 되었을 수 있다. 100평만 하더라도 200억 원이 되는 이 엄청난 마법의 땅이 있는데 B는 미륭아파트에 투자하여 수익을 보긴 하였으나 현재 2020년 1월 기준으로 5억 원 정도이다. 5억 원이 전혀 작은 돈은 아니나 순간의 선택이 엄청난 부의 차이를 가져다 준 사례이지 않을까?

보는 관점에 따라서 투자처를 선택을 하게 된다. 아는 만큼 보이거나 혹은 부자의 선택이 엄청난 부의 차이를 준 것인데 이런 부분도 사례를 통해서 알 수 있는 방법이 있다. 어떤 신설 역이 생긴다면 그 일대를 기준으로 역세권이 개발이 이뤄지는데 기존의 도시가 형성되어 있다면 역이 생김으로서 도시에 이미 거주하고 있는 이들에게 보상을 해주기 위해선 엄청난 금액이 들어간다. 미래가치를 보는 눈이 없기 때문에 관점의 차이로 선택의 차이를 가져온 것이다. 일반적인 사람의 경우는 투자를 망설이지만 부자가 되기로 선택한 당신이라면, 어떤 곳에 투자를 하는 것이 더욱더 당신을 큰 부자로 만들어줄 수 있을지 알 수 있다.

이런 땅의 가격이 뛰는 것을 투자해본 경험이 있는 사람은 또다시 투자를 이런 방향으로 할 것이다. 관심이 없는 사람도 있지만 관심이 있고 투자를 하는 이런 사람은 이런 엄청난 부를 이뤄내서 미래에 아무런 걱정도 없이 자녀들뿐만 아닌 손주들까지도 부를 세습할 수 있는 부가 만들어 진 것이다. 우리가 당장에 2억 원, 1억 원 투자할 금액이 준비되어 있지 않은 경우가 많다. 그래도 살집은 있어야 하기 때문이다. 꼭 내가 전세로 살아야 할까? 월세로 사는 것은 어떠한가? 어떻게든 부자가 되려면 투자금이 필요하다. 내가 노동수입으로 버는 돈과 투자를 해서 돈이 돈을 버는 것하고는 차이가 엄청난 차이를 가져다준다.

나는 아직 결혼을 하지 않은 미혼이라 이런 이야기를 할 수 있을지 모르지만 나는 마음으론 월세에 살고 싶다. 그리고 있는 돈을 몽땅 다 투자를 하고 싶다. 현재는 그렇게 하고 있다. 흙수저라서 더욱더 불안한 미래가 싫었고 내가 가진 꿈에 도달하기 위해선 더 많은 투자의 다양한 방법을 알아야 했고 공부를 했다. 지금도 매일매일 공부중이며 경매 매물에도 관심이 있어서 알아보고 있다.

판교가 농지에서 금싸라기 땅으로 변한 사례처럼 광명이든 병점역이든 부발역이든 지제역이든 너무 많다. 많은 사람들이 보상을 받았으며 많은 사람이 부자가 되었고 현재에도 더 큰 부자가 되기 위해 부자들은 농지에도 투자하고 있으며, 판교에 투자도 하고 있다. 이 판교역은 단선인데도 불구하고 강남과의 교통이 편하며 많고 큰 IT기업들이 들어서 있다. 이런 입지로 인해서 큰 기업들이 직장과 더불어 일하는 고액 연봉자들에게 더욱더 편의를 제공하기 위해서 최근 큰 이슈가 올랐다. 경기도권에서 가장 부자도시라고 부를 수 있다.

2009년 성남시에서 판교구청 부지로 판교구가 미뤄지자 부지를 팔기로 하였는데 판교역에서도 가까우며 감정가액은 8,000억 원에 달하는 노른자 땅이다. 현재는 공영주차장으로 이용되고 있는 이 대지의 가격은 8,000억 원에 가깝다고 하나 실제 매매가는 1조 원이 넘을 것이라고 한다. 이곳은 축구장 3개 반 정도의 넓은 대지를 자랑하고 있으며 카카오와 NC, 넥슨 같은 IT 대기업들이 입찰에 참여할 것으로 보인다.

이 금싸라기 땅이 1조 원에 낙찰될 일은 없다. 실제 매매가가 1조 원이 넘어서지만 경쟁이 붙는다면 얼마나 할지 모르는 일이며, 위치가 가지는 입지도 판교역에서 가깝기 때문에 일단 이 부지를 차지하게 되는 기업은 앞으로도 계속 올라갈 땅을 소유하게 되며 향후 50년간 이 땅의 가격은 쭉 올라가지 않을까 싶다.

개발이 시작되는 땅의 가격은 50년 동안 올라간다

판교역이 만들어지고 7년이라는 세월 동안 땅값은 엄청나게 올라갔지만 여기도 안양의 범계역이나 다른 역세권의 땅과 다르지 않게 100만 원일 때가 있었으며 200만 원이 되었을 때를 지나온 것이다.

인기 드라마 〈응답하라 1988〉에서도 마지막 엔딩으로 판교가 나옴으로써 실시간 1위 검색순위에 올랐는데 이때에도 판교를 갈 것처럼 덕선이네와 정봉이네가 뉘앙스를 풍겼다. 여기서 중요한 부분은 김성균과 라미란은 판교에 가서 전원주택을 짓자고 하였는데 100평의 부지를 평당 1백만 원 정도 한다는 이야기가 나왔다. 당시 투자를 하여 샀다면 10배 이상의 수익을 얻었을 것이라고 생각된다.

강남이든 판교든 입지가 좋은 곳은 땅값이 오른다. 농지가 가지는 땅값이 수익률이 엄청나게 올라갈 수도 있다는 장점이 있다. 강남과 판교 둘 다 아직도 땅값은 오르고 있다. 삼성역은 올해 계획으로도 복합적으로 SRT와 광역버스등 교통의 새로운 중심지로 부상할 것으로 보이는데 지금도 비싼 땅이지만 이런 새로운 교통의 호재로 더 많은 사람이 이곳에서 머물며 많은 소비를 통해서 핫 플레이스가 되어 서울의 새로운 중심지의 하나로써 외국에서도 볼 때 유명한 장소가 될 것이다.

한전부지의 현대가 빌딩을 세우는 우리나라 최고높이의 빌딩이 세워질 때 그 랜드마크로 가지는 가치는 엄청날 것이며 입지로서도 평당 10억 원이 넘어가지 않을까 싶다. 평당 10억 원, 말이 될까? 지금 강남의 테헤란로의 건물들은 평당 5억 원은 기본으로 하고 있다. 그리고 매년 더 오르고 있다. 아파트냐 빌딩이 들어서는 자리냐에 따라 가격차이가 있지만 앞서 이야기한 5억 원과 삼성의 10억 원은 아파트가 아닌 빌딩이 들어설 자리를 이야기하는 것이다.

오르는 땅에는 패턴이 있고 앞서 이야기한 사례들을 보면 엄청나게 돈이 뜨는 것이 보인다. 그 패턴을 다시 집어보면 입지가 좋은 땅은 곧 교통의 개발 호재가 있는 곳의 농지에서 그 엄청난 재테크 투자의 수익을 보여주고 있고 판교처럼 지하철뿐만 아닌 많은 수의 기업들이 모여서 산업단지 등을 만들고 그 산업단지에서 일하는 사람들의 편리를 위해서 먹고 자고 생활을 할 수 있기 위한 개발이 이뤄진다.

많은 사람들이 시간을 머물게 되는 공간, 그곳에 부의 흐름이 있다. 이런 농지의 땅들이 상업지구로 가치 변화가 일어나면, 우리의 삶도 바뀐다. 농지에 투자한 우리의 계급도 금수저 까지는 아닐지 몰라도 은수저 정도는 될 수 있을 것이라 생각한다.

토지 투자, 원 포인트 레슨! ⑦

토지 카페나 블로그를 맹신하지 말라

정보화시대이며 많은 원하는 정보들이 인터넷에서 정보를 얻을 수 있다. 하지만 많이들 알아보고 싶어 하는 것은 이해가 되지만 많은 정보가 있는 만큼 거짓 정보들도 많다. 토지 투자가 처음이라 카페나 블로그를 참고하고 싶겠지만, 모든 정보가 검증된 것은 아님을 알고 잘못된 투자를 피하길 바란다. 공부 혹은 전문가를 활용하고 팩트를 확인하라.

돈벼락 맞은 부자들의 패턴!

부자들은 재테크로 땅을 사 모으고 있다

SNOW FOX라는 회사는 김밥과 꽃 사업을 활발히 하고 있는 기업이다. 이 회사의 김승호 회장님은 미국에서 가장 성공한 한국 사람들 가운데 한 명으로 꼽히며 자산규모도 1조 원을 향해 가고 있는 부자이시다. 이분은 은행에 대출이 없다. 김밥 파는 CEO의 저자 김승호이며 회장님은 내가 존경하는 분이며 돈의 대한 철학과 진정한 부자로 살아가는 분이시다. 이렇게 부자이면서도 많은 돈을 낭비하지 않으며 여러 이론들을 방송에 나와서 돈에 대한 이야기를 해주시고 계시다.

중앙대에서 사장들을 가르치는 김승호 회장님은 돈에는 인격이 있다고 한다. 작은 돈도 소중히 하며 돈에 대해 감사를 느끼고 돈은 중력이 있어서 1, 2, 3억 원씩 늘어나는 것이 아니라 1, 2, 4, 8억 원씩 늘어난다는 것이며 좋은 곳에 쓰는 돈은 돌아오고 일정하게 들어오는 돈의 힘은 강하다. 남의 돈을 대하는 태도가 내 돈을 대하는 인격의 근본이다. 생활비는 30%로 정하려 쓸데없는 돈을 쓰지 말라는 것이다.

세계의 200대 부자들 중에서 70%가 자수성가한 사람들이며 이들은 사업으로 성공한 사람들이다. 빌 게이츠나 워런 버핏, 로버트 기요사키 같이 부자처럼 성공하고 싶다면 네트워크사업을 하라고 추천하고 있다. 대한민국의 부자들은 상속형 부자들이 많다. 현대, 삼성, 롯데 등은 어떻게 부자가 되었을까? 대한민국 통계에도 나와 있듯이 부자들의 재산의 내용을 보면 80% 부동산 임대업이 많은 자리를 차지하고 있다. 왜 이렇게 부동산이 인기가 있는 것인가?

금융위기인 2008년에 위기를 기회로 잡은 사람들이 있고 미래가치가 뛰어난 지방이나 서울 등의 부동산을 사들여서 큰 부자가 된 사람들이 많다. 월세에 살면서 퇴직금과 저축한 돈으로 부동산을 싸게 매입하고 계속 연이은 재테크의 성공으로 아파트와 부동산의 토지를 보유하면서 100억 원대 자산가가 되어가는 것이다.

국내의 자산가들을 대상으로 조사한 내용으로 자산가들의 목표는 주로 "땅 투자"인 것으로 나타났다. 이 조사는 서울과 부산 거주 자산가

1,000명을 대상으로 실시했는데 계층별로 나눠보면 신흥부유층에선 토지매입 22%, 부유층 또한 토지매입 22%, 초부유층은 토지매입 31%를 투자하고 있었다. 여기에 부유층과 초부유층은 40%의 비중으로 자산관리사나 투자전문가를 적극적으로 이용하는 것으로 나타났다.

미래를 위해서 젊어서부터 미래를 땅에서 준비하라

삶에서 중요한 것이 무엇인가 건강하게 오래 사는 것 아닌가? 하지만 이를 위해선 경제적인 안정이 필요로 하다. 그래서 돈과 건강이 중요한 것이다. 나이가 들어서 건강이 안 좋으면 언제 응급실에 실려 갈지도 모르고 몸이 아프면 많은 돈이 필요한데 우리가 살아가는데 필요한 돈들은 턱없이 부족할 뿐이다.

앞으로는 웰니스 사업이 중요할 정도로 건강을 나이 들어서 지키는 것이 아닌 젊어서부터 건강을 관리하여 꾸준히 건강한 삶을 살아서 나중에는 요양병원에서 살고 싶은 사람은 없다. 건강한 삶을 꿈꾸지 않는가? 편안하게 어느 날 한순간에 생을 마감하면 좋지 않을까? 힘들게 아프게 삶을 영유하는 삶을 살아가고 싶은가? 부자들이 원하는 삶이 이것이다. 편안하게 돈 걱정 하지 않고 자식걱정 없는 삶이다.

자수성가 부자들은 부동산에 집중해서 재산을 증식시켜 가고 있다. 왜 부동산에 집중을 하는 것일까? 실물자산 중에서 많은 사람들의 목표이기 때문에 가장 중요한 집으로 인해서 부를 늘릴 수 있기 때문이다. 정부에서도 부동산의 투기 문제에 대해서 많은 대책들을 만들어 내며 다주택자를 잡기 위해 노력하고 있지만 쉽게 잡히지 않는다. 그리고 그 부동산 중에서도 토지는 정부에서 많은 재제를 가하진 않는다. 많은 국민들의 시선이 몰리고 투기가 올리는 것이 주거지이기 때문이다.

많은 부자들을 만들어 준 토지들을 보면 사람이 모이는 곳에 개발이 되고 편의 시설이 필요하며 교통이 발전한다. 대기업이 들어오고 그곳에 일하는 사람들이 많아짐에 따라 그 대기업을 따라서 중소기업들이 대기업과의 편리를 위해서 대기업 근처로 몰려들며 또 사람이 늘어난다. 그렇게 되면 그 대기업의 연봉이 높은 고액 연봉자들이 일만 하고 살지는 않지 않겠는가? 그들은 많은 시간과 집중력을 발휘해서 회사에 충실하고 남은 휴식시간에 소비를 하고 편안한 휴식처를 원한다.

대기업이 들어오면 그 지역은 엄청난 인구가 늘어나며 그 인구의 이동에 따라서 도시가 개발이 되면서 많은 편의 시설과 문화생활을 하고 맛집들과 고액 연봉자들의 가족들이 생활할 공간 그리고 교육시설도 따라오게 된다. 여기에 교통도 발달 되어야 하지 않겠는가? 서울을 중심으로 수도권으로 많은 사람들이 출퇴근을 하고 있다. 우리나라의 중심으로 많은 기업들과 일자리가 그곳에 있기 때문이다. 그래서 대기업들과 일자리가 많은 서울에서 가까운 곳에서 시간을 아껴서 쉴 수 있는 주거지가 매력적이며 가정의 자녀들이 높은 교육을 받을 수 있는 입지가 비쌀 수밖에 없다.

"〈기업이 들어서 도시 형성과 부 창출의 촉매가 되고, 발전한 도시는 다시 기업 성장의 토양을 제공하는 선순환〉

미국의 실리콘밸리(샌타클라라 등), 일본의 토요타(나고야 경제권), 대만의 신주(新竹, 반도체 단지)가 그렇고 스웨덴의 시스타(에릭슨이 주축인 IT 단지), 핀란드의 울루(노키아 입주. 도시 자체를 '울루 테크노 폴리스'라는 이름으로 주식시장에 상장)를 예로 드는 경우도 많다. 그러나 그에 못지 않은 '한국형 기업도시'들이 우리나라 곳곳에 들어서 있고, 지금도 기업과 지역사회가 연대해 놀라운 성장의 역사를 만들어가고 있다는 사실에도 눈을 돌릴 필요가 있다."

– "기업도시, 부의 도시", 〈머니투데이〉, 2007.06.19.

우리나라는 서쪽으로 철도가 개발되고 있다. 전국적으로 철도가 개발되고 있지만 기업들이 서쪽으로 많이 옮겨오고 있기 때문에 많은 교통이 발전하고 있어서 도로와 철도가 만들어지고 있다. 이렇게 서쪽으로 대기업들과 중소기업들이 이동하는 이유는 대한민국의 시장이 앞으로는 중국과 아시아를 대상으로 하기 때문이다. 서쪽으로 해서 항만들로 통해서 수출이 용이하도록 옮겨오고 있다.

대기업들과 국가의 발전을 위해서 더 발전이 용이한 서쪽으로 교통이 발달하며 그 교통과 기업의 수요로 발전되는 도시는 엄청난 부를 축적할 수 있다. S전자의 반도체를 만드는 과정에 있어서 많은 사람이 몸에 이상 현상이 생겨서 산재보험을 들어줘야 하지만 S전자보다는 지자체에서 이것을 대신 보상해주고 있다. 이는 S전자가 지자체에 공장을 짓는 것만으로도 파급효과가 커서 그 도시를 부의 도시로 만들어주기 때문이다.

부동산을 투자할 때 개발 호재에 관심을 가지고 필수 요소라고 할 수 있는데 대기업이 들어서는 지역의 개발 호재와 신설 역세권이 들어서는 개발 호재는 개발 호재 중에서도 최고의 호재라고 할 수 있다. 인구의 이동이 잦은 곳에 돈이 있고 그곳에서 부자들은 돈의 흐름을 본다. 부자들의 패턴이 있다! 그들은 땅에 대한 가치를 알며 기업의 움직임과 사람이 흐름을 보고서 투자를 한다.

부자들의 마인드를 이야기하는 책들이 지금 서점에 많이 나와 있다. 책들에서 이야기하는 부분의 공통점 중에 하나는 많은 사람들의 불편함을 해결해 주는 것이 돈을 번다는 이야기가 있는데 부동산도 마찬가지이다.

사람들이 많이 이동하는 장소에 교통이 불편하다면 교통을 발전시켜 주며 환승교통이 되는 곳에서 바쁜 사람들이 시간을 절약하기 위한 소비를 할 수 있는 쇼핑과 사람과 사람을 잇는 장소 역세권에서의 문화생활을 할 수 있도록 영화관도 역세권을 중심으로 근처에 많은 것을 볼 수 있다. 많은 사람들이 영화를 보고 팝콘을 먹고 밥도 먹는 카페가 많은 곳들의 상권이 발달되어 있다. 부자들은 이런 입지 조건, 기업과 교통이 발전되어 사람이 모이는 장소에 투자를 한다.

나는 부자들을 따라 하기로 했다!

부자가 되기로 선택하고 더 큰 미래가치에 투자하라

우리나라에서 본인의 의지로 부자가 된 자수성가한 부자들은 자신만의 무기로 부자가 되었다. 사업을 일으켜 부자가 되었던가 아니면 투자가로써 주식이나 채권 혹은 비트코인으로도 부자가 된 사람들이 있다. 그러나 비트코인은 현재는 위험하다는 말을 재테크 전문가가 아닌 사람들도 말리고 있으며 피해 입은 지인들이 너무 많다.

나는 실물자산인 부동산에 투자를 하고 있다. 한국 자수성가 부자들의 80% 정도가 부동산으로 부자가 되었기 때문이기도 하지만 주식은 나와 맞지 않아서 실물자산에 투자하고 있다. 그렇게 부동산으로 부자가 되기로 결정하였다. 어떤 재테크든 종잣돈이 필요하며 종잣돈을 모으기 위한 노력이 필요하다. 남들보다 적게 먹고 적게 즐기며 재테크를 위한 공부도 해야 한다. 부자는 일반인들과 다르다.

우리가 아는 유명한 투자의 대가 워런 버핏의 일화가 있다. 어떤 날 CEO와 골프를 치러 간 워런 버핏이 2$를 걸고 홀인원을 하면 10,000달러를 주겠다는 내기의 일화에서 워런 버핏은 내기를 거부했다고 한다. 확실하게 수익을 얻을 수 있지 않는다면 투자를 하지 않는다는 것이었다. 그렇게 돈이 많은 워런 버핏도 2달러를 함부로 쓰는 일이 없다.

부자가 되려면 부자에게서 배워야 하지 않겠는가? 당신의 주변에 부자가 있는가? 어느 정도의 부자인가? 그 사람처럼 되고 싶다면 그 사람을 연구해봐라 당신과 다른 것들을 찾아라. 시작한 배경을 탓하지 말고 부자의의 습관이나 생각을 배워야 한다. 진정한 부자들은 더 검소하며 사람들의 시선에 신경 써서 허세를 부릴 필요를 못 느낀다.

워런 버핏의 집은 1958년 구입하여 현재까지도 살고 있는데 한국 돈으로 7억 원 정도인데 구입할 당시엔 3,700만 원 정도였다고 한다. 돈을 많이 벌어서 세계에서 알아주는 부자인데 더 좋은 집에 살고 싶지 않을까? 이런 세계에서 내놓으라 하는 부자가 가진 돈에 비해서 엄청나게 저렴한 집에 산다.

워런 버핏은 "자신이 감당하기 어려운 비싼 집을 욕심내고, 금융회사에서 쉽게 돈을 빌려서 자신의 능력보다 무리한 집을 장만하는 것은 행복이 아니라 불안과 불행의 씨앗이 될 수 있다."라고 이야기한다. 우리의 서민들의 모습이 아닌가? 미국의 경우엔 무리해서 집을 사는 것이 맞을 수 있다.

미국의 경우는 전세가 없다. 그리고 터무니없이 비싼 월세가 존재한다. 그렇기 때문에 돈을 모아 은행에 대출을 끼고 집을 사서 이자를 갚아가는 것이 월세로 들어가는 돈보다 적기 때문에 많은 미국인들은 샌드위치를 집에서 만들어서 점심을 해결하며 검소하게 생활할 수밖에 없다. 우리나라는 전세가 있기 때문에 월세에 대한 걱정을 덜 수는 있겠지만, 그것도 순수 전세가 자신의 자산이라면 부담이 없을 수도 있다. 그러나 전세란 것은 내 돈을 집주인에게 2년의 계약기간동안 맡겨두는 것이라서 돈이 불어나진 않는다.

부자가 되고 싶다면 부자에게서 배워라

부자가 되고 싶다면 투자를 해야만 한다. 월급으로는 내 돈이 불어나는 데에는 한계가 있다. 검소하게 월급을 받아서 생활하고 종잣돈을 모아서 투자를 해야만 한다. 지금의 시대에는 그렇다. 예전 부모님들의 시대처럼 은행에 돈을 맡겨두고 이자율이 20%가 넘어가던 시절과는 전혀 다르다. 이것을 인지하고 부모님의 말보단 자신의 미래를 위해서 금융지식을 키울 필요가 있다. 학교에서 가르쳐주지 않은 금융지식을 우리는 빠르면 20살에 배울 수도 있겠지만 이런 경우는 거의 없다. 일반적으로는 대학교를 졸업하고 나서 취업 후에 미래를 위한 금융지식을 조금씩 알아간다.

유대인들이 세계의 금융시장을 장악하는데 이들은 13살부터 금융지식을 쌓아간다. 우리와는 시기가 달라도 너무 다르다. 당신은 금융지식에 대해 얼마나 알고 있는가? 학교에서 가르쳐주지 않은 이 금융지식을 모른다면 부자가 되기란 정말 힘들다고 볼 수 있는데 왜냐하면 우연히 당신이 사업을 통해서 부를 이뤄냈다고 하더라도 금융지식이 없다면 당신의 자산은 관리가 되지 않기 때문이다.

부자들은 사업체를 가지고 있는 경우가 많다. 뉴스에서도 간혹 나오긴 하지만 어떠한 회사의 가족들이 해외여행을 다니지만 본인들의 돈으로 해외여행을 다니는 것이 아닌 법인 카드를 사용하여 세금을 절세한다. 이것은 한 부분에 지나지 않는다. 법인의 이름으로 많은 소비활동을 대체하여 국가에서 돈을 더 적게 가져가게 한다. 이런 부자들의 절세도 관리해주는 사람이 있는 반면 혼자서 공부하여 관리하는 사람도 있다. 어느 정도 부가 너무 커지면 관리를 하는 사람이 필요하겠지만, 이 부분에서도 세무사와 말이 통해야 하지 않겠는가?

부자들은 자산을 물려주기 위한 방법에서도 많은 편법을 활용해서 세금을 절세하고 있다. 이런 세금적인 뿐만이 아니다. 있는 사람들은 오히려 자산을 지키고 더욱더 재산을 증식시켜 자손들에게 편하게 살게 하기 위해서 많은 정보를 들어보려 하며, 정보가 힘이라는 것을 알고 있다. 정보가 곧 돈인 것이다. 지금 중국에서는 어떤 면에서는 우리나라를 앞섰다고 생각한다.

부자들의 습관 및 부자의 마인드를 알아야 한다. 나 역시 부자가 아니기 때문에 노력하고 있으며, 부자처럼 생각하려 노력하고 어떤 판단들을 하는 것을 노력하고 있다. 부자들은 정보에 귀를 많이 기울인다! 서울의 어느 곳에서 세미나가 있다. 그런 곳들에 하나의 작은 정보라도 재산을 증식시키는 방법들에 관심이 많으며 찾아다닌다. 매일같이 부동산 뉴스를 볼지는 모르겠으나 본다면 더욱더 정보에 대해 눈이 밝은 것이고 노력을 한다.

웰니스 기대가 오고 있지만 현재는 정보화 시대이다. 더 빠르게 정보를 얻고 남들보다 빨리 움직이는 사람이 돈을 벌게 되는 것이다. 독점과 정보화 시대에 정보를 듣고 팩트를 체크하며 본인 성향과 맞는 재테크로 하여 수익을 올리기 바란다.

짧은 시간 안에 엄청난 수익을 올릴 수 있는 것이 장점인 주식이고 주식으로 부자가 된 부자들도 있다. 그렇지만 부자들은 다 좋은 입지의 부동산들을 재산으로 가지고 있다. 앞선 장에서도 이야기했었지만 많은 부자들이 토지에 투자를 하고 있다. 원형지인 토지에 투자하여 건물을 올려서 임대 수입을 받으며 건물과 토지에 대한 시세차익은 까지 수익률을 최대로 끓어 올리며 재산을 더 빨리 늘려나가고 있다.

나는 부자가 되기로 선택했으며 부자들을 따라 하기로 했다. 부자처럼 부동산에 관심을 가지고 정보에 눈을 뜨고 더 검소하게 생활하며 사치보다는 공부하는 시간에 투자하면서 미래를 준비할 것이다. 남들의 시선은 중요하지 않다. 젊어서 돈이 없으면 사업에 실패했거나 어떤 과도기로 그럴 수 있으나 나이가 많이 들어서는 돈이 없으면 인생이 슬퍼진다.

친구들이 모이자는 만남의 장소에도 나가기 꺼려지며 사람이 인색하게 변하게 된다. 종잣돈을 모으기 때문에 맘 적으로도 여유가 없기 때문이다. 사업이든 투자든 부자들은 부동산으로 재산을 가져가고 있다. 실물자산을 가져가는 그들을 보며 나도 내 자신을 1인 기업으로 생각하는 마인드로 생각하며 투자가의 나로써 내 사업이라고 생각하며 무엇보다 목표를 정하고 행동하는 내가 되기로 했다.

진짜 부자는 땅으로 만들어진다

알아야 당하지 않는다. 정보를 보는 안목이 중요하다

건물과는 차원이 다른 부동산은 토지로 성격 자체부터 다르다. 개발 호재가 있는 중요한 입지의 토지는 희소성이 남다르다. 언제나 비슷한 토지를 구입할 수도 없으나 시간이 지나면 무조건 가격이 오르는 토지는 때를 놓치면 살 수도 없으며 가격이 올라서 살 수 있는 능력 또한 허들이 높아진다. 개발을 하고 있는 땅이 기다려 주지 않기 때문에 빠른 정보력으로 빠른 선택과 함께 움직여야 미래를 책임져줄 그런 땅의 주인이 될 수 있는 것이다.

일반 우리 서민들은 너무 바쁘다. 아침 일찍부터 퇴근 그리고 잦은 야근으로 피로하며 쉬기에도 바쁘다. 가정이 있는 서민들의 경우엔 퇴근하고 집에서 가족과 함께 오붓한 생활이 필요하다. 부자가 되려면 부자가 된 방법대로 따라하면 부자가 될 확률이 높지 않겠는가? 부자들은 정보의 중요성을 안다.

지금은 정보화 시대로 많은 정보들이 유튜브에도 광고되고 있다. 전부가 그런 것은 아니지만 정보가 너무 넘침에 따라서 허위 과대광고로 많은 사람들이 피해를 입는 경우가 요즘 많이 부각대고 있으며, 소비자들은 이런 정보가 넘치는 세상에서 당하지 않기 위해 조심스럽고 돌다리를 집어가며 더 현명한 판단을 하려고 노력하여 소비자들은 더욱더 똑똑해지고 있다.

우리는 유튜브에서 많은 정보와 광고들을 접하고 있다. 화장품부터 기능성식품까지 많은 것들을 과대 광고하여 식품을 섭취하여 효과가 미비해도 그건 사용자의 개인에 따른 차이가 있다고 말해버리면 끝인 것이다. 그래서 이것들을 상대로 유튜버들이 직접 제품을 사용하는 내용의 방송들도 만들어지고 있다. 우리는 많은 정보화 시대에서 진짜 정보와 가짜 정보 사이에서 스스로 선택을 하고 팩트를 체크하여 똑똑한 소비자가 되어가고 있다.

유튜브에서 말도 되지 않는 광고들을 보며 실제로 저런 효능을 가지는

지에 대해서 의문이 들 수밖에 없다. 이런 세상이다 보니 재테크에서도 정보를 걸러서 듣는 것이 필요하며 이성적인 의심을 거쳐서 정보를 받아드려야 한다. 당신이 농지가 개발되어 도시가 만들어지는 과거를 본 사람이고 그 농지의 가격의 변화의 실체를 본다면 농지를 더욱더 적극적으로 투자할 수 있을 것이다. 그곳에서 미래의 가능성을 보게 될 것인데 개발 호재에 따라서 주거지나 상업지구가 가격이 오르는 것과 원형지인 땅이 가격이 상승하는 것과는 비교를 거부한다.

조물주 위에 건물주라는 말이 있다. 요즘 같은 헬조선에서 퇴직금으로 시작한 자영업 사업들 중 대다수는 치킨집과 커피숍이다. 현재 베이비부머들은 퇴직금에 대출금까지 합쳐 창업해도 생존율이 10%가 넘어가기가 힘들다. 이는 10개중 1개의 치킨 집을 제외하고는 9곳이 망한다는 말이다. 하지만 이렇게 자영업을 해서 잘 되더라도 자신의 건물이 아닌 이상에는 매달 따박따박 월세를 건물주에게 내야 한다.

대전에 있는 한 짜장면 집의 짜장면 가격은 1,500원이다. 2019년 4월 가격이다. 이 사장님은 다른 짜장면 집들과는 가격에서 너무나 저렴한 가격에 판매하고 있는데 이것이 가능한 것은 이 짜장면집의 건물주라서 추가로 발생하는 월세가 없기 때문이고 임금 또한 자신이 장사를 하기 때문에 이 혜자 같은 가격에 판매할 수 있는 것이다.

당신이 만약 장사를 하여 그 장사로 인해서 손님이 많다면 그 자영업을 더 하고 싶지 않겠는가? 거기에 자신의 건물에서 하는 것이 백번 낫지 않겠는가? 계약기간과 함께 다시 협상을 못하게 된다면 장소를 이사해야 하며 인테리어에 들어간 비용들과 그동안 만들어왔던 고객들을 전부 잃게 될 수도 있으나 본인의 뜻과는 상관없이 건물주에 계획에 따라서 강제로 나가게 되어버릴 수가 있지 않는가? 그래서 조물주보다 건물주라고 하는 것이다.

어떤 사람들은 꼬마 빌딩을 갖는 것을 목표로 살아가기도 한다. 입지가 나쁘지 않은 곳에 꼬마 빌딩에서 임대수입을 얻으며 평온하게 걱정없이 노후를 살고 싶어 한다. 좋은 입지의 토지를 가지고 있다면 이곳에 꼬마 빌딩을 지어서 임대수입과 거주지 두 마리 토끼를 가져갈 수도 있어서 좋은데 문제는 땅이 있어야 하는 것이며 도시의 상업지구의 토지가격은 너무 비싸다는 것이 문제이다.

건물주 위에 지주가 있다. 건물주보다 지주를 꿈꿔라

꼬마 빌딩이든 큰 빌딩이든 내 이름으로 된 건물주가 된다면 임대수입을 통해서 안정적인 미래가 보장된다. 이런 빌딩을 소유하기 위해서는 수익률이 극대화 되어야 하며 이미 개발이 된 도시에서 건물주가 되기엔 많은 돈이 필요하며 우리는 그런 돈을 가지고 있지 않은 것이 일반적이다. 개발 호재가 있는 곳에 농지위에 도시가 개발되면서 농지가 용도를 변경하게 되면서 내가 가지고 있는 농지의 땅이 상가가 지워지는 상업용도로 바뀐다면 위에서 말했던 꿈같은 건물주가 될 수 있다.

상업용도로 바뀐 토지위에 땅을 담보로 대출을 받아서 건물을 올린다거나 아니면 보상방식을 달리해서 가지고 있는 토지만큼에서 도로가 생기고 감보율을 제하고 나서 환지로 보상으로 입지가 좋은 곳에서 장사를 시작할 수도 있을 것이다. 그러면 위의 사례에서처럼 당신도 경쟁력 있는 가격으로 마음 편히 자영업을 할 수 있다. 아니면 그냥 임대를 주어 수익만 얻어갈 수도 있다.

얼마나 사야 건물주가 될 수 있을까? 개발되는 곳의 농지를 가지고 그 곳이 농지가 용도가 변경된다면 많은 평수를 가지고 있을수록 큰 건물을 세울 수 있고 보상을 통해서도 큰 부자가 될 수 있다. 120평 정도면 농지가 개발되면서 감보율에 따라서 도로가 만들어지고 필요한 공간을 제외하고 건물을 올릴 수 있을 것인데 신설 역세권의 경우엔 1,500%까지 용적률을 적용받아서 적은 평수를 가지고 있더라도 그 지분을 가지고 있는 상태로도 당신은 건물주이다.

얼마 전 성수역을 중심으로 재개발이 이뤄지면서 그 일대에 전원주택 등에 사는 사람들에게 보상을 해주었다. 보상 내용으로는 6평을 가지고 있는 사람의 경우는 25평의 아파트를 보상받을 수 있지만 6평의 실거래가는 9억5,000만 원으로 25평의 신축아파트를 가져가기엔 부족한 돈이어서 추가로 돈이 필요할 것이다. 그리고 80평의 상가주택을 가진 사람의 보상으로는 45평 아파트에 25평 아파트와 상가분양권까지 받을 수 있다. 80평의 가치로 45평+25평+상가분양권의 가치로 뒤바뀌어서 단 몇 평의 작은 평수라도 재개발이 되면서 더 큰 가치로 되돌려 받을 수 있다.

생각해보자. 6평에 9억5,000만 원도 엄청난 돈이지만, 내가 10평 정도만 가지고 있었더라도 신축아파트 25평을 가지게 된다면, 그리고 10평의 가격이 도시가 개발되기 전의 농지였다면, 200만 원을 잡는다고 치더라도 2,000만 원을 투자하였다면 예상으로 아파트 한 채를 하나의 대출도 끼지 않고 가지게 된다. 10평이라고 가정하였지만 더 많은 평수를 가져갈 때에는 곱하기로 자산이 증식되는 것을 볼 수 있을 것이며, 이미 많은 사례들에서 이야기해주어서 유추해볼 수 있다.

우리가 생각하는 부자의 기준은 각자 다르지만, 개발 호재로 개발된 도시의 꼬마 빌딩 정도 가지고 있다면 실패한 인생이라고 말할 수 없을 것이다. 건물주가 되기 위해서 꼬마 빌딩 혹은 큰 빌딩이 들어서는 입지의 땅에 투자를 부자들은 이미 하고 있으며 엄청난 돈으로 일반 사람들보다 더 빠른 부자가 되고 더 큰 부자가 된다. 말 그대로 돈이 돈을 버는 것이다.

우리는 언제까지 정년퇴직을 기다리며 보상으로 나오는 퇴직금으로 미래를 설계해야 할까?

부자처럼 토지에 투자하여 건물주가 되어서 편안한 노후를 즐길 수 있다. 우리는 부자의 투자법을 배우고 관심과 정보를 얻으려 노력하고, 부자처럼 큰돈으로 투자는 하지 못하더라도 할 수 있는 만큼 여력이 되는 만큼은 관심을 가지고 투자를 한다면 노예처럼 살아가는 친구들과는 달리 미래가 안정되어 갈 것이다.

토지 투자, 원 포인트 레슨! ⑧

리스크를 체크하라! - ① 문화재 보호 구역

그린벨트처럼 문화재는 우리의 역사를 담고 있는 소중한 자산이다. 개발에 앞서 예비타당성 조사를 통해 문화재가 어느 곳에 얼마만큼 있는지 조사를 통해 문화재를 보존하기 위해 공원으로 만들어 진다. 일반인들 눈에는 알 수가 없다. 신설 역이 생기기전에는 모두다 농지라 알아볼 길이 없다. 당신이 산 땅이 그린벨트처럼 아무런 개발을 못하는 상황을 피해라.

4 장

실전에 바로 써먹는 토지 투자의 기술

Investment in Land

상가 가격을 보면 토지가 보인다

역세권 중심으로 사람이 모인다

상가의 토지 가격! 입지가 결정한다. 역 앞에 있는 현대백화점의 평당 토지 가격과 나 홀로 아파트 밑의 상가의 평당 토지 가격이 같지 않다는 건 재테크를 모르는 사람도 알 수 있는 기본적인 내용이다.

입지는 교통, 학군, 직장이 가깝다 거나 많은 곳이 입지가 될 수 있을 것이다. 단선 역세권이냐, 환승 역세권이냐에 따라서 다르고 입지 중에서 최고의 입지는 것은 직장이다. 대기업이라면 더 좋고 그다음은 교통과 학군 순이다. 직장이 많은 곳이라면 출퇴근 하는 사람이 많을 것이고 그 직장을 다니기에 좋은 교통이 발달되어 있다면 금상첨화일 것이다.

일자리와 교통이 발달한 곳에 사람이 많이 몰리며 그곳에서 많은 시간을 허비하게 되는데 직장이라면 집보다는 직장에서 많은 시간을 보내며 점심과 저녁 아침을 거르는 사람들도 직장이 많은 곳이라면 상권이 발달한다. 가산디지털단지나 구로디지털단지, 강남과 같은 우리나라의 일자리가 많은 곳은 직장인들의 피로를 풀기 위한 요식업의 상가들이 즐비하게 들어서 있다.

교통이 발달한 역세권의 경우는 직장의 경우보다 더욱더 많은 인구가 모인다. 역세권은 주거지의 편의를 위한 경우가 많지만 환승이 되는 역세권이라든지 전철과 전철이 환승도 환승이지만 전철이나 지하철을 타고서 버스를 타고 갈수 있는 곳이 많은 곳도 입지 면에서 뛰어나다. 각각 멀리 사는 사람들이 모이기 편한 장소 그곳에서 소비가 이뤄진다.

대부분의 일반인들은 자가 차를 가지고 있다고 하더라도 대중교통을 이용하는 경우도 적지 않다. 모여서 회의를 할 수도 있겠지만 문화생활을 영위하거나 맛집을 찾아다니고 카페를 약속장소로 활용하면 상권이 발달하게 되어 있다.

사람들이 많이 모이는 이동이 잦은 곳은 상권이 발달하고 이런 곳이 가장 가격이 많이 올라간다. 대한민국에서 사람이 가장 많이 몰리고 이동하는 곳 그곳의 가격을 알아보자. 그곳은 명동이고 거기서 가장 비싼 곳이 또한 명동의 네이처리퍼블릭이다. 평당 13억 원으로 대한민국 최고의 땅 가격을 계속해서 가져가고 있다. 명동을 가본 사람들은 알겠지만 한국인들보다 오히려 외국인들의 발걸음이 많아서 한국을 오면 한번은 가보게 되는 장소이다.

역세권 상업지구 상가의 평당 가격은 입지에 따라서 다르지만 적게 잡아도 3,000만~4,000만 원 정도가 평균이다. 비싼 곳은 몇 억씩 한다. 최고 비싼 곳은 앞서 사례에서 이야기했던 명동이 13억 원 정도로 어떤 입지에 위치 하냐에 따라서 가격차가 많이 나는 것이다.

상업지역과 거주지역의 아파트와 상가의 가격 차이는 3배에서 4배까지 차이가 난다. 어느 지역의 상가의 평당 가격을 확인 하는 방법은 부동산에 물어볼 수도 있겠지만 대략적인 공시지가를 확인하여 실제 거래가격을 예상해 볼 수 있다. 네이버에 검색으로 토지이용규제정보서비스 라고 검색을 하면 거기에서 평당 가격을 알고 싶은 번지수 주소를 넣게 되면 그 위치의 공시지가를 확인할 수 있다.

지금 당신이 살고 있는 집이나 사고 싶은 상가의 공시지가를 확인해보고 평당 가격으로 계산해서 3.3058을 곱하면 ㎡ 단위가 된다. 여기에 3배에서 4배 정도 하면 실제 거래가가 나온다. 물론 어느 정도의 오차는 있을 수 있다.

왜 공시지가가 이렇게 저렴하게 나와 있는지에 대한 이해를 돕기 위해 설명을 한다면, 실제거래가격 그대로 표현되어 있다면 그에 해당하는 금액을 기준으로 세금을 내야하고 그렇게 되면 버틸 수 있는 상가 주인들이 별로 없을 것이다. 상가가격을 보면 그 지역의 느낌을 알 수 있다. 서울과 인근 수도권의 핫한 투기과열지구들의 상가들의 토지 가격은 지방 도시의 상가 건물들의 토지 가격과 차이가 있다.

아파트의 평당 가격은 상가건물의 토지 가격보다 3배에서 4배 정도 낮게 측정되는 걸 확인할 수 있다. 이런 원리로 하여 우리가 사는 아파트나 주거지들은 집의 가격이 비싼 것이 아니라 입지가 그 가격을 나타내며 입지가 좋다는 건 그 토지 가격이 높기 때문에 집이 가지는 건물에 대한 가치는 많이 하지 않고 있으며, 모든 건물들은 노후된다. 시간이 지날수록 입지가 좋아진다는 것은 교통의 호재나 기업의 호재로 땅의 입지가 좋아짐에 따라 그것이 건물에 반영이 된다는 말이다.

당신이 사는 곳의 입지는 어떠할까?

역세권 중심상업지구의 상가는 더한 차이를 가져다준다. 역세권의 상가와 그렇지 않는 위치의 상가는 이용하는 사람의 차이가 많다. 1등급 프랜차이즈들이 보통 다 역세권 주위에 위치하는 것을 알 수 있는데 스타벅스라던지 버거킹 근처에 살고 있다면 당신은 좋은 위치에 살고 있다는 것이다. 이 1등급 프랜차이즈 회사들이 위치한 곳은 물론 커피나 햄버거를 팔아서 수익을 생각할 것이지만 그 입지가 부동산 상승을 할 수 있는 지역에 생기는 것이라고 예측해볼 수 있다.

예외는 있을 수 있는데 많은 매체에서 유명세를 떨친 맛집의 경우에 따라서 그곳이 핫플레이스가 되고 맛집 거리가 되는 경우에는 그 주변의 시세를 높이는 요소가 될 수는 있겠지만 그 맛집이 찾아가는데 교통이 많이 불편한 곳에 있다면 차를 가져가야 하는데 주차공간이 없는 것도 마찬가지이다.

교통이 불편한 곳에서 많은 시간을 보내기란 보통 어려운 것이 아니다. 역세권과 가까우며 근처의 좋은 학교가 있다면 그 위치의 학군의 차이로 살기 좋은 동네로 소문나며 그 동네를 기준으로 역과 가까운 곳에 1등급 프랜차이즈들이 들어설 것이다. 주변에 다른 문화시설이 있다면 모르겠지만 맛집을 이용하고 다른 시간을 보내기 위한 입지는 역세권이기 때문에 역세권의 가치가 높다고 하는 것이다.

부자들은 하차감을 느낀다고 이야기한다. 하차감이 무엇인지 아는가? 이는 고급 외제차에서 내렸을 때 사람들의 시선을 느끼는 걸 말한다. 일반 소나타 사는 사람이 하차감을 느끼겠는가? 집 또한 그렇다. 인천 송도에 사는 사람들은 인천에 산다고 하지 않고 송도에 산다고 이야기하고 다른 지역이라도 되는 듯 차별을 말한다. 송도가 인천에서는 최고의 위치라는 것이 모두 다 투영되어 있기 때문이다. 잘사는 사람들이 많은 목동에서, 거기 사람들은 목동에 산다고 하지 양천구에 산다고 하지 않는다. 비교를 거부하는 것이다.

상가와 아파트의 가격은 왜 차이가 날까? 그것은 아파트는 우리가 잠을 자는 공간이며 그곳이 시끄럽다거나 유흥가가 인접해 있다면 같은 기준의 아파트하고는 차이가 날 수밖에 없다. 그 상가와 거주지는 그 목적이 다르기 때문이다. 상가에는 근처의 아파트에 사는 사람들이 이용하는 공간이라 집에 들어가기 전에 필요용품을 살수도 있기 때문에 더 많은 사람이 지나다니는 곳의 가치가 달라지는 것이다.

어떤 집에 살고 있는가? 알 수도 있겠지만 내가 사는 곳의 평당 가격을 알고 있는 경우는 사실 많지는 않다. 건물의 빌라 혹은, 아파트의 가격을 대략적으로 알뿐이다. 이제부터 관심을 가진다면 건물의 가격의 실체를 확인할 수 있을 것이다.

땅의 가격이 건물의 가격에 반영된다는 것을 알아야 한다. 그리고 부동산 건물에 투자를 한다면 미리 평당 가격을 알아보고 그 건물을 살 수 있을지 자금적인 부분에서 생각해볼 수도 있을 것이다. 평당 가격은 높은데 건물의 가격이 낮게 측정되어 있다면 투자가치가 있는 법이다. 하고 싶은 사업이 있다면 사업에 따라서 학군이면 학군, 기업이면 기업에 따라서 교통의 입지가 편한 곳에 가치가 낮게 평가되어 있는 건물을 투자처로 알아보는 것을 추천한다.

3차 철도망 구축계획은 보물지도

알아야 당하지 않는다. 정보를 보는 안목이 중요하다

1970년부터 시작된 강남의 개발은 6개월 만에 강남의 개발을 계획하고 만들어졌다. 그때 당시 우리는 자차를 보유한 가정이 많지 않았다. 그때에 강남의 도시계획에서도 도로의 차선을 이렇게 차가 많아 질 것을 예상을 하고 만들었던 것인데 지금 생각해보면 대단하다.

도시가 만들어지는 데에 있어서 도로가 가장 먼저 만들어지고 그 도로를 기준으로 건물들이 들어서는데 도로의 차선을 너무 작게 만들어 놓으면 차량이 많아지면 좁은 도로는 막힐 수밖에 없고 도로 옆 빌딩들을 허물 수 없기 때문에 도시계획을 할 때 선진국의 도시 모습을 참고하여 만들어진 것이다.

도로뿐만 아니라 철도를 보자. 지금은 많은 사람들이 서울에 철도를 통해서 출퇴근을 하고 있으며 1기 신도시를 넘어 지금은 제 3기 신도시까지 서울로 출퇴근 하는 사람들이 많이 지는데 서울은 집값이 너무 비싸서 신도시들을 개발하고 그곳에 철도를 놓아서 더욱더 국민의 편의를 만들어지고 있다. GTX가 왜 인기가 있는가? GTX의 고속철도로 인해서 서울까지 거리가 멀더라도 빠르게 접근하기 때문이다.

철도가 서울과 어느 정도 인접한지를 시간적으로 보고 서울의 수도권이 점점 넓어지고 있어서 우리나라의 먼 지방에서도 서울까지 3시간을 기준으로 시간을 앞당기기 위해서 발전되고 있다. 지방들에서 고속전철이 들어섬으로 인해서 서울까지의 시간상으로 한 시간 안에 들어올 수가 있는 부분들은 수도권 범위이다.

과학의 발달로 더욱 빠르게 교통이 발달되고 있으며 지금은 조금 더 빠른 이동을 위해서 속도가 250km~300km까지 올라가고 있으며 2020년 이후 상용화 되는 고속열차인 해무의 속도는 421.8km를 넘어선다. 전국을 반나절 생활권으로 만드는 데는 이제는 어려운 일이 아니게 되어서 서울에서 강원도나 부산으로 회를 먹기 위해 그날 당일 돌아올 수 있는 현재가 되어버렸다.

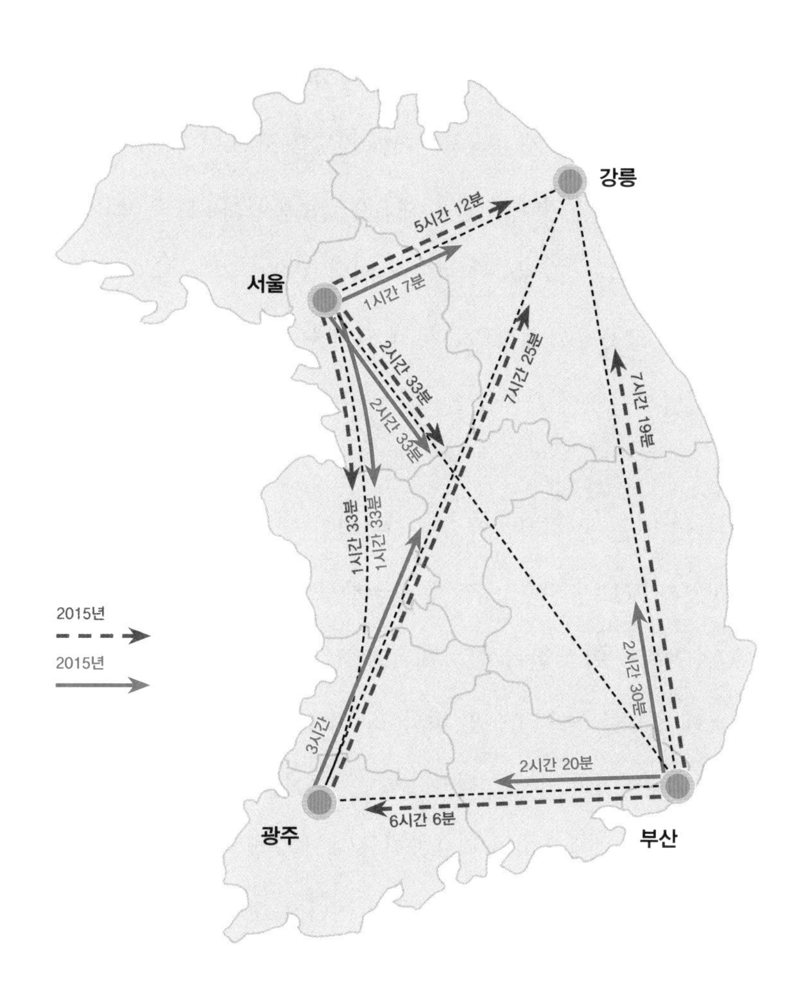

KTX 고속철도망 구축 계획

철도와 더불어 도시개발을 하는 데에 있어서는 그냥 아무 곳에나 개발을 하는 것이 아니다. 철도나 도로를 만드는 건 서민들의 편의나 국가가 개발을 위해서 어느 곳에다가 무엇을 만들어야 할지 미래에 계획을 하고 만들기 때문에 2030년 제 3차 국가개발 지도를 보면 어디에 철도가 생길 것인지 등을 알 수가 있다. 지금은 제 5차 국토종합계획도를 참고하면 큰 틀에서 알 수 있다. 그 지도를 보고서 어떤 곳에 투자를 할지 지역에 관심을 가지고 그곳에 구체적으로 투자 지역을 선정하고 교통이 발달하고 산업이 발달하는 곳에 집중할 필요가 있다.

농지들이 많은 곳에 갑자기 고속전철역이 생긴다면 신도시가 만들어지는 신호라고 보면 된다. 국가에서 국가개발을 하는데 있어서 미리 10년, 20년 계획을 미리 잡아서 그 계획에 따라서 미리 타당성 조사를 통해서 이곳에 도로를 놓으면 어떤 파급효과가 날지 미리 조사를 하여 개발을 해야 할지 말아야 할지를 정하고 많은 사람들이 이용하여 필요하다면 이 개발을 하는 데에 얼마가 필요한지를 예산을 정하며 리스크들을 염두하여 세세한 개발을 하게 된다. 그래서 어디가 개발된다는 이야기를 듣는다고 하더라도 개발지역은 한정적이고 서류화가 진행되어 착공이 들어간 시점에서 투자를 하는 것이 시간을 버는 길이다.

토지에는 보석이 존재한다. 우리는 토지 투자에서 보석을 찾아내야 한다. 흙수저에서 최소 은수저가 되기 위해서는 토지보석을 만나야한다. 기존의 수도권 도시안의 새로운 신설 역은 많은 도심에 사는 인구가 불편함을 느끼는 부분에서 해결을 해주기 위해서 교통을 개발시켜주는 것이다. 그 불편한 곳에 땅을 가지고 있는 사람들은 새로운 교통이 개발이 되면서 그 부분의 땅 주인들은 앉아서 로또를 맞아버린 대박이라고 말할 수 있다. 그리고 또 다른 토지보석은 농지가 상업용지로 바뀌면서 계급상승이 되는 토지이다. 이런 토지를 만난다면 수십 배 가격의 상승으로 보석을 찾게 된다. 기존에 땅을 도심에 가진 사람이라면 그것 자체도 비싼 땅 이겠지만 농지토지의 가치가 더욱더 비싸지면서 토지계급이 상승하는 토지가 바로 토지보석인 것이다.

우리나라에서 도로에서 철도로 교통을 재편하고 있으며 수도권이든 지방이든 역이 만들어지면 그곳이 도시의 중심이 되며 기존에 있던 도시들은 부도심이 되어버리는 경우들이 많다. 그래서 어떤 지방의 지역들은 새로운 고속전철이 생기는 곳으로 사람들이 몰려서 기존의 도심은 힘을 잃어버리는 경우도 많다.

신설 역사를 개발을 하는데 있어서 개발계획에 대한 정보에 관심을 가지고 실제적으로 착공이 들어간 시점에서 투자를 한다면 해당 지역에서 아주 큰 실패는 하지 않을 것이다. 다만 역세권에 대한 개념을 이해하고 리스크를 알고 있어야 한다. 하지만 개발이 되는 역세권개발은 우리가 생각하는 것만큼 오래 걸리지 않는다. 보통은 땅에 대한 투자를 하면 많은 시간이 걸린다고 생각한다. 예전에는 개발이 되는 시간이 너무 많이 걸려서 2010년을 기준으로 대통령 특별법에 의해서 강제수용방식이 사라져버렸다. 그렇게 하여 내보내고 보상을 하는 기간이 6년 이상 걸리는 폐단을 보안하여 수정되었다.

2010년 10월 이후 이런 법률이 시행됨으로 인해서 철도와 도시계획 측면을 종합적으로 고려하여 효율적인 역세권 개발을 하게 되었고 민간 기업들도 역세권 개발에 참여가 가능하게 된 것이다. 그래서 기존에 오래 걸렸던 문제들이 해결되어 많은 시간을 기다리지 않아도 되었다. 특히 수용범위를 제외한 1차 역세권 기준 500m 내의 토지는 환지개발이나 입체 환지 개발 적용을 받아서 땅값이 상승하는 부동산의 스테디셀러(오랜 기간 상승하는)로 통하고 있다.

개발이 되면 보상이 이뤄지는데 보상으로 돈을 보상을 받고 나갈 수도 있겠으나 사실 이 방법은 좋은 방법이 아니다. 눈앞의 보상의 이익이 크다 여길지도 모르겠으나, 돈을 보상해주는 시점은 이제 땅값이 오르는 본격적인 농지에서 대지로 바뀌는 시작점에서 바로 1차 매도 타이밍에 매도를 하는 것이고 앞으로 건물이 들어서면서 입지와 토지는 더 가격상승이 폭발적으로 이뤄난다.

1,500% 용적률이 말해주는 땅의 가치

역세권 범위의 땅이 용도지역이 변경됨에 따라 신설 역세권은 1,500%의 용적률로 인해서 민간개발을 유도하며 이렇게 빌딩이나 주거지(아파트 단지)가 들어선다면 입지에 대한 사업성 접근성이 좋기 때문에 건설사에서 어떻게든 매입을 하기 때문에 작은 평수여도 그 평수보다 더 큰 가치를 가진다.

용도 지역에 따른 용적률 최대 한도(국토계획법)

<table>
<tr><th colspan="4">용도지역구분</th><th>용적률</th></tr>
<tr><td rowspan="16">도시지역</td><td rowspan="6">주거지역</td><td rowspan="2">전용주거지역</td><td>제1종 전용주거지역</td><td>50% 이상 100% 이하</td></tr>
<tr><td>제2종 전용주거지역</td><td>100% 이상 150% 이하</td></tr>
<tr><td rowspan="3">일반주거지역</td><td>제1종 일반주거지역</td><td>100% 이상 200% 이하</td></tr>
<tr><td>제2종 일반주거지역</td><td>150% 이상 250% 이하</td></tr>
<tr><td>제3종 일반주거지역</td><td>200% 이상 300% 이하</td></tr>
<tr><td colspan="2">준주거지역</td><td>200% 이상 500% 이하</td></tr>
<tr><td rowspan="4">상업지역</td><td colspan="2">중심상업지역</td><td>400% 이상 1,500% 이하</td></tr>
<tr><td colspan="2">일반상업지역</td><td>300% 이상 1,300% 이하</td></tr>
<tr><td colspan="2">근린상업지역</td><td>200% 이상 900% 이하</td></tr>
<tr><td colspan="2">유통상업지역</td><td>200% 이상 1,100% 이하</td></tr>
<tr><td rowspan="3">공업지역</td><td colspan="2">전용공업지역</td><td>150% 이상 300% 이하</td></tr>
<tr><td colspan="2">일반공업지역</td><td>200% 이상 350% 이하</td></tr>
<tr><td colspan="2">준공업지역</td><td>200% 이상 400% 이하</td></tr>
<tr><td rowspan="3">녹지지역</td><td colspan="2">보전녹지지역</td><td>50% 이상 80% 이하</td></tr>
<tr><td colspan="2">생산녹지지역</td><td>50% 이상 100% 이하</td></tr>
<tr><td colspan="2">자연녹지지역</td><td>50% 이상 100% 이하</td></tr>
<tr><td rowspan="3">관리지역</td><td colspan="3">보전관리지역</td><td>50% 이상 80% 이하</td></tr>
<tr><td colspan="3">생산관리지역</td><td>50% 이상 80% 이하</td></tr>
<tr><td colspan="3">계획관리지역</td><td>50% 이상 100% 이하</td></tr>
<tr><td>농림지역</td><td colspan="3"></td><td>50% 이상 80% 이하</td></tr>
<tr><td>자연환경보전지역</td><td colspan="3"></td><td>50% 이상 80% 이하</td></tr>
</table>

교통이 편리한 지하철 역세권을 중심으로 복합개발을 추진하는 것이 요즘 트렌드인데 땅 1평의 가치가 큰 차이를 준다는 것을 사례를 통해서 예를 들어보겠다. 잠실 포스코 더 샵 스타리버를 보면 88년 올림픽 이후 잠실 석촌호수 주변의 불법 노점상들이 외국인들에게 미관적으로 좋지 않다는 민원을 없애 한국의 좋은 이미지를 위하여 상인들에게 장사를 안 한다는 조건으로 2,500평을 1인당 1.7평씩 1,500명의 노점상에게 나눠주었으나 최저로 보상을 받고 판 사람은 1,500만 원이었지만 맨 마지막에 보상을 받고 판 사람은 1억3,000만 원을 보상으로 받았다.

단순히 개발될 때의 보상비용보다 더 큰 가치로 건물과 아무런 개발이 되지 않은 땅에서 땅의 시세가치가 더 크게 되는 것을 사례들에서 볼 수도 있으며 그 단 한 평의 가격은 때에 따라서는 엄청난 부의 차이를 만들어 줄 수도 있다.

교통은 도로에서 철도를 중심으로 개발되고 있는 것이 트렌드이고 수도권은 많은 인구가 밀집되어 있어서 불편을 겪는 국민들에게 신설 역세권을 도시개발과 함께 도시재생과 함께 발전이 되고 있다. 이렇게 기존 도시에 신설 역이 생기는 경우는 용도가 주거지에서 상업지로 바뀌는 경우나 아니면 상업지이지만 용적률의 상향으로 앉아서 돈을 버는 로또 맞는 격이 된다. 그리고 또 하나는 수도권에는 땅이 부족하며 많은 인구가 밀집하여 살기 때문에 산업단지가 형성되기 힘들고 우리나라에서는 더 이상 수도권이 아닌 지방으로 산업단지에 기업의 공장들을 건설하여 발전을 해 나가고 있다.

3차 철도망 구축계획을 통해서 지방에 새로운 신설 역사가 생기는 곳의 농지는 사실상 금광과 같다고 할 수 있다. 신도시가 만들어지며 이런 곳을 찾아서 착공이 시작되는 시점에 투자를 해라. 철도망 구축계획안에 당신을 부자로 만들어 줄 보물지도가 숨겨져 있는 것이다.

토지 투자, 원 포인트 레슨! ⑨

리스크를 체크하라! - ② 연약지반

역세권의 땅이라고 전부다 좋은 것은 아니다. 땅의 속성에 따라서 건축이 되지 않는 땅이 있다. 건물을 세워 개발을 하고 싶어도 땅이 버티지 못하는 연약지반의 땅들이 있다. 이러한 부분도 일반인의 눈에서 알 길이 없다. 예를 들자면 4호선 중앙역 라인 앞은 황금땅이다. 일반적이라면 이 땅들에 빌딩이 들어서야 하지만 현재는 공원으로 되어 있다. 이곳은 전부 연약지반이어서 현재는 공원이거나 주차장으로 되어 있는 것이다.

토지 투자는 부동산 뉴스를 보면 반은 성공

정보 속에 투자의 타이밍이 있다

우리는 많은 뉴스와 기사들을 접한다. 하지만 흘러갈 뿐이고 관심이 없는 상태로 정보를 들어도 관심이 없으면 10개 중에서 1개가 귀에 남을까 말까한다. 사실 우리가 알지 못했지만 뉴스와 기사들에서 개발계획에 대한 정보들은 나온 바가 있다. 흘러가는 정보에 관심이 없었던 것인데 부동산 재테크에 관심이 많은 사람들은 네이버부동산의 뉴스의 정보를 매일 보거나 관심 있는 지역의 기사를 검색하는 것이다.

관심이 있는 토지를 투자할만한 지역이 있다면 역세권이 개발되는 그 지역에 대한 정보를 대략적으로 그 지역에 어떤 호재가 있는지 알아야 할 것이며, 그 호재는 언제 개발이 들어가고 어느 정도 규모로 만들어지는지 등을 기사내용에서 확인할 수가 있는데 중요한 부분이 있다. 인생은 타이밍 이고 투자도 타이밍이다. 개발뉴스와 기사만 딱 보고서는 투자할 시기가 아니다.

구체적으로 어떤 시점에 투자해야 할까? 투자를 하는 데 있어서 오랜 시간이 걸린다거나 개발이 되는 줄 알고 들어갔는데 흐지부지 되어 버린다거나 그렇게 되면 나의 소중한 종잣돈이 묶여버리게 된다. 내가 본 그 기사가 진짜 개발이 되는 것인지가 제일 중요하고 그 타이밍을 알고 나서 투자를 해야 한다. 기사를 보면 언제 착공이 될 거라는 내용이 있고 국가사업이 아닌 민간사업이라면 기사의 내용 안에 어느 곳에서 시행을 하는지 사업시행자가 나와 있다. 이 시점을 알고 투자하길 바란다.

토지 재테크에는 종잣돈과 투자 지역을 보는 눈이 필요하다. 기사를 보고 시행자가 결정된 다음에 착공이 들어갈 시점에 첫 삽이 뜨는 시점 전에 투자를 하면 최고의 타이밍이 될 것이지만 그 때를 놓쳤다면 착공이 들어간 시점에라도 들어가는 것이 좋다. 그리고 완공이 되기 전이 마지막 타이밍이다. 돈이 많은 부자들은 평당 천만 원이어도 투자를 한다. 그 가치는 1,000만 원보다 더 높이 상승할 것이라고 보고 들어간다.

그렇지만 우리는 한 평에 천만 원하는 땅을 살 수가 없다. 그래서 그렇게 되기 전에 사야하기 때문에 개발이 되기 전에 관심을 가지고 투자를 해야 한다.

모든 정보에 눈과 귀를 열어두길 바란다. 앞서 이야기한 시점에서 정보에 팩트를 찾아내면 그곳에 계속된 관심을 가지게 될 것이며 어떤 사업이 미래의 산업인지 사람들이 많이 몰릴만한 곳인지 확인 해보기 바란다. 첫 번째는 정부의 정책에서 트렌드를 읽고 두 번째는 트렌드와 맞으면서 대기업이 들어가는 정보이다.

국가의 트렌드를 이야기한다면, 국토교통부에서 작년 2019년 11월에 보도 자료를 발표했다. 2030년까지 철도망을 2배로 확충한다는 내용이었다. 현재 대한민국의 역사는 800개가 넘어간다. 대도시권 급행 광역교통망을 구축함으로써 파리나 런던처럼 만들어갈 계획인 것이다. 거기에 미래 환경을 생각하여 만들어지는 수소나 CNG 등의 친환경차량을 교통수단의 발전을 계획하고 있다. 친환경적이고 쾌적한 출퇴근을 위한 서비스를 만들어 국민들의 삶의 질을 높여가기 위한 트렌드 방향을 이야기하고 있다.

지방의 지역을 국토개발계획에서 새로운 역이 생길 위치에 큰 기업이 들어서는 곳이나 혹은 대기업이 이미 들어서 있지만 아직 교통이 발달이 되지 않은 곳은 가치가 높은 지역이라고 볼 수가 있다. 어느 지역의 새롭게 대기업이 들어선다는 소식의 뉴스를 참고하고 그곳의 교통의 발전이 되는가를 살펴본다면 교통의 개선이 되는 곳을 중심으로 상가와 거주지들이 만들어 질 것이다. 대기업에 다니는 사람들의 거주지가 필요하며 그들이 소비할 수 있는 상가가 필요하고 거기에 추가로 학교와 그 외에 문화시설까지 만들어 줄 수도 있는 것이다.

기업이 몰리는 부의 도시를 찾아라

기업이 몰리는 도시는 부의 도시로서 지역에서 기업이 사업을 할 수 있게끔 보조를 해줌으로서 더 큰 사람이 모이고 소비가 일어나며 도시를 일으킨다. 제품을 만들어서 수출에 용이한 지역이 기업에 입장에선 중요할 것이다. 수도권 지역은 더 이상 대기업이 들어갈 수 없으며 수도권에서 가까운 지방으로 기업들이 공장을 짓고 있으며 우리나라에도 여러 지역들에서 기업들이 들어서고 그곳이 발전하게 되어 있으니 일자리가 많아지는 기업의 방향을 살펴서 투자 지역을 찾아보는 것을 추천한다.

대기업이 지역을 먹여 살리며 대기업을 중심으로 중소기업들이 몰린다. 그리고 대기업이 들어오는 곳에는 교통이 발달한다. 지금은 많은 사람들이 알고 있는 평택의 지제역을 보면 여기는 60개월만에 역이 생긴 곳이다. 삼성의 입주 때문이다. 대기업들이 들어서는 도시를 찾아서 투자하라. 뉴스와 함께 교통이 발달되는 계획이 있는 곳을 찾아라. 그것이 도로가 개발되는 곳도 좋겠지만 역세권을 중심으로 땅값이 많이 오르기 때문에 역세권을 목표로 투자계획을 잡는 것이 좋다.

땅 투자는 주도하는 곳이 어디냐에 따라서 시간이 다르게 걸린다. 공공기관이 주도하는 사업은 시간이 오래 걸린다고 생각될 수도 있으나 그만큼 안전하다. 그리고 민간 기업이 주도하는 경우는 빠르게 소리소문 없이 진행되기도 하지만 100% 안전하다고는 할 수 없다.

국가에서 SOC 사업을 진행시, 도로와 철도 등을 개발하는데 있어서 역세권 개발이 이뤄지기 때문에 엄청난 수익이 발생할 수 있지만 아주 정확한 정보까지 일반인이 알기란 어렵다. 많은 리스크들이 존재하기 때문에 역세권 근처로 투자한다면 조심스럽게 투자를 해야 할 것이다. 개발되는 SOC 사업에 투자한다면 착공되는 시점을 확인하고 국가에서 나오는 관보를 확인하고 들어가야 한다.

수용부지에 대해서 투자가들은 많은 두려움을 가지고 있다. 수용부지는 국가에서 개발하는 SOC 사업에 의한 역사 건물과 주차장, 철도, 도로 등이 만들어지는 공간에 땅을 투자했다면 투자한 가격에 따라 수익이 발생할 수도 있지만 투자시기에 따라서는 수익이 공시지가를 기준으로 보상이 되기 때문에 적게 발생하거나 오히려 손해를 볼 수도 있다.

제일 중요한 것은 땅의 가치인데, 이것은 개발을 할 수 있느냐 없느냐의 차이이다. 수용을 당하거나 리스크가 있는 땅의 경우는 세금만 내는

골칫거리가 될 수가 있다. 세금만 내는 땅의 경우는 다들 많이들 피해를 입은 기획부동산에서 분양을 하거나 그린벨트가 풀린다고 거짓 정보를 가지고 투자하는 경우가 있으나 그린벨트가 풀리기는 정말 쉽지 않으며 언제 풀릴 수 있을지 가늠할 수가 없다. 투자란 계획을 하고 매도시점을 생각하여 투자를 하는 것인데 언제 수익이 날지도 모르는 묻어두는 땅인데 그렇게 되면 계획 없이 손자에게 물려줘야 할 수도 있다.

부동산을 투자하고 싶다면 어떤 부동산에 따라 다르지만 국가의 트렌드를 확인하고 기사들을 통해 관심 투자 지역에 대한 정보나 국가 정책에 대한 관심을 가질 필요가 있다. 투자는 타이밍이라 적절한 시기에 투자를 하여 수익을 극대화 시킬 수 있는 것 아닌가? 이런 적절한 시기는 지속적인 관심과 정보에 귀를 기울이는 것이 필요하다.

토지 투자는 부동산 뉴스를 보면 반은 성공할 수 있다고 말할 수 있다. 어디에 어떤 주최가 얼마를 들여서 언제쯤 개발을 하는지를 체크하여 확실하지 않은 정보를 믿고 투자하면 낭패이지 않겠는가? 국가에서 개발되는 사업이라면 착공이 들어가는 시점과 서류화 되는 시점을 살필 필요가 있으며, 뉴스 기사 속에서 시행자를 확인하여 언제 완공될지 모르는 개발을 기다리지 않아도 된다.

뉴스를 읽는 안목이 반이다

토지 투자에는 뉴스와 고시를 이해하라

연예 뉴스가 아닌 부동산 뉴스나 기사들을 보는 시간에 투자하라. 그 속에 부자 되는 길이 있다. 일반 개인이 투자하기에는 알려진 정보들을 최대한 끌어 모아 최대한의 실패가 없는 투자를 해야 하지 않을까? 돌다리도 두들기고 건넌다는 속담이 있듯이 리스크가 있는 부분들을 생각하여 투자한다면 더욱더 안정적인 투자가 될 수 있을 거라 믿는다.

단순히 지인이 문자 한 통으로 어디가 좋다며 추천한 후, 투자하고 수익이 난다면 좋겠지만 그렇게 지인을 믿고 투자한 경우 제대로 수익을 본 경험을 못 봤다. 신뢰도 중요하지만 그 지인이 내 미래를 책임지지 않는다. 지인이 투자권유를 하더라도 좋은 정보일수 있지만 투자권유에서 체크 할 점은 체크를 하고 가는 것이 중요하다.

주변의 땅으로 투자하여 수익을 보기위해 투자했지만 개발은 되지 않고 묶여있는 땅들을 소유한 분들이 많지 않은가? 제대로 착공이 들어가는 시점을 확인하고 역사건물이 어디에 들어올 수 있을지를 일반인들도 기본적인 사업개요와 노선에 대한 설명을 공개하고 있기 때문에 대략적인 위치를 확인하고 투자를 결정하기를 바란다. 이 같은 정보를 얻을 수 있는 곳은 한국철도시설공단(www.kr.or.kr)에서 확인할 수 있다.

뉴스와 함께 고시를 이해한다면 더욱더 투자에 성공확률이 높아진다. 정부에서 개발되는 내용에 대해서 국민들에게 알려야 한다. 국민의 세금으로 만들어지는 철도나 도시나 항공, 항만 등이 개발되는데 있어서 투명해야하기 때문이다. 이런 정부 계획에 있어서 고시를 발표하는데, 고시란 사업이 어떻게 개발되고 있는지 단계별로 설명해놓은 것이다. 이는 대한민국 전자관보(gwanbo.mois.go.kr)를 통해서 실시간 게재되므로 일반인들도 열람이 가능하다.

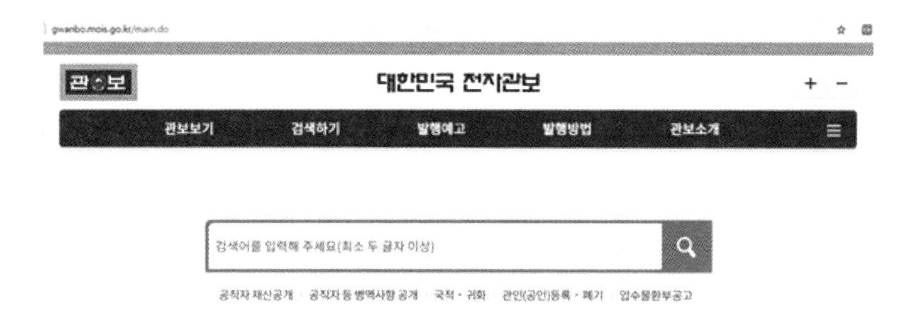

국가에서 개발되는 SOC 사업에선 국민들의 세금으로 만들어지는 사업이다 보니 예산이 측정되고 장기적인 준비와 조사기간을 가진다. 이것을 예비타당성 조사라고 하는데, 국가에서 국민들에게 정보를 주고 있기 때문에 기획부동산의 블로그는 조심해야 하면서 고시의 사실을 확인할 필요가 있다. 고시안의 내용으로 사업비와 사업기간 노선과 경유지 정류장 철도 차량기지까지 위치를 확인할 수 있기 때문에 이것을 주기적으로 확인하고 투자한다면 투자 실패의 확률을 낮출 수 있다.

지역개발 정보와 언론과 공약사항을 신경을 쓴다면 투자 지역에 대한 확신을 가지는데 도움을 가질 수 있다. 뉴스에는 많은 국가의 정보들을 짧게 뉴스 속에 정보가 있다. 투자에 관심이 있다면 많은 정보들 사이에서 필요한 지역에 대한 정보들을 수집하는 것이 중요하다.

많은 정보들이 있겠지만 우리에게 정보가 오는 시점엔 다 늦었다고 생각되지만 그것이 아니고 내가 먼저 관심을 가진 것이 아닌 다른 사람의 권유이기 때문에 그렇게 생각되는 것이다. 미리 좋은 정보를 얻는 사람에게 부자가 될 수 있는 소지가 있다.

투자한 지역이나 관심 있는 지역의 유리한 뉴스가 많이 나올수록 즐겁다. 투자한 지역에 개발 호재가 더욱더 확실시 되고 차례차례 진행되는 뉴스에 따라 땅값도 오르고 기분 좋지 않겠는가? 투자를 했는데 그곳이 유적이 발굴되는 경우가 있다면 어떻게 될까? 아파트 택지조성을 위해 개발됐던 경기 하남시 감일 지구에 삼국시대 백제무덤이 대규모로 발견되면서 개발 사업이 올 스톱이 되었다. 이런 경우 문화재청의 입장에서 보면 현장보존이 중요하고 문화재는 소중한 우리 유산기이에 개발이 중단되는 게 맞지만, 오랫동안 기다린 청약자들에게는 고충이다.

SOC 사업에서 예비타당성 조사를 해야 하는 이유가 바로 이것이다. 어디서 유물이 나오는지, 어떻게 그 유물을 보존해야 하는지 문화재지표조사 보고서를 만들어야 한다. 그렇기 때문에 투자를 위해선 많은 부분들의 고려를 할 필요가 있다.

내가 사는 곳에서 수익률이 높은 투자 지역을 바라봐라

우리는 재테크 부동산을 하게 되면 살았던 지역에 대한 이해가 높기 때문에 그 지역을 중심으로 재테크에 관심을 가지게 된다. 나 역시도 인천 경매물건에 투자를 했었다. 처음 투자를 시작할 때에 시간적인 문제도 있었지만 회사를 다니면서 남는 시간을 이용해서 지역에 대한 공부를 위해서 인천과 서울까지만 투자 지역으로 설정하고 방향을 정했었다.

잘 아는 지역에 대해서 지리적인 입지나 교통의 발전이 되면 가능성에 대해서도 타 지역의 사람보다는 더 높은 가능성을 볼 수는 있으나 재테크 부동산 투자를 하는데 있어서 내가 사는 지역이거나 살았던 지역일 필요는 굳이 없다. 투자에 중요한 것은 어느 곳에 투자를 해서 최대의 수익률을 올릴 수 있는 곳이냐가 중요한 것이다.

나에게 수익률이 높으면 되는 것이고 돈을 벌고 재산을 증식시키기 위해서 부동산 재테크를 하는 것이 아닌가? 내가 살집이 아니고 거기서 생활하는 것이 아니면 수익만 나면 되는 것이다.

뉴스를 읽는 안목이 반이다. 투자 지역을 찾았다면 해당 지역의 구체적인 개발 이슈들이 기사에 실리기 때문에 관심을 많이 가진다면 더욱더 확실한 정보들로 투자시점을 정할 수 있을 것이며 투자규모를 가늠할 수도 있다. 토지 투자에 있어서 개발 호재가 있는 지역에 투자를 하는 것이 가장 중요한데 행정 계획과 사업 시행자를 확인해야만 한다. 토지 투자를 하고 싶다면 시행자와 보상계획이 세워졌을 때 투자시점을 선택하길 바란다.

타이밍을 놓친다면 이미 많이 올라버린 땅값으로 인해서 투자시점을 놓치게 되어 버리고 수익률을 기대하기에는 힘들 수 있다. 좋은 투자 적기는 실현이 되기 5년 전이라고 할 수가 있는데 이는 개발업자들이 2년 정도 시점을 앞두고 투자를 해야만 한다.

투자시점을 정하는 데 있어서 뉴스는 곧 정보이며 우리들이 알 수 있는 정보는 대부분 뉴스와 기사이다. 투자에서 가장 중요한 요소들로 정보와 종잣돈과 결단이라고 생각한다면 종잣돈은 대출을 통해서라도 투자를 할 수 있지만 적절한 시점을 놓치면 다른 투자 지역을 알아봐야 한다. 시간은 금이다. 단 순간에 부자가 될 수는 없다. 토지가 가격이 급격히 오르는 시점에 들어가더라도 어느 정도 보유를 해야지만 세금으로 수익금을 날리지 않게 된다.

경강선 부발 역사에 투자했던 A여성은 2,700만 원 정도 투자해서 14개월 만에 60%의 수익률을 올렸다. B여성에게 4,200만 원에 팔아 수익을 올렸지만, 너무 보유기간이 짧아서 많은 수익중의 대부분을 세금으로 내야만 했을 것이다. 돈이 필요해서 처분을 해야 했을 상황이 있었을지 모르지만 여기서 배워야 할 것은 급하게 써야할 돈은 농지 토지 투자로 적합하지 않다.

투자를 하는 데 있어서 무엇 하나 중요하지 않은 것이 없지만, 정보가 있는 뉴스를 읽는 안목이 반이라고 해도 과언이 아니다. 투자시점과 사업 규모나 자세한 정보들을 통해서 구체적인 투자가 가능하다.

나도 투자 초기에 사는 지역의 근처의 호재를 정보로 투자를 하였으나 그 시점에선 이미 너무 많은 정보로 인하여 많은 경쟁자들로 인하여 그 지역에서 결과를 얻을 수 없었다. 내가 사는 지역이 아닌 개발 호재가 많은 가치가 가장 높은 곳으로 투자를 결정하길 바라며 진행하는 사업 시행자와 시기를 확인을 하고 투자를 하여 높은 수익률을 높이기 바란다. 관보와 고시를 확인하고 지자체 홈페이지에서 정보를 얻기 바란다.

또한 선거공약을 내세우는 국회의원의 도시개발 방향에 대한 약속들도 정보가 될 수 있다.이 밖에 인터넷의 블로그도 정보가 될 수는 있으나 기획부동산들의 정보로 거짓 정보들도 있기 때문에 너무 블로그는 맹신하지 않길 바란다.

사야만 하는 땅은 어떤 땅!

목적에 따라 사야 하는 땅이 따로 있다

개발의 호재가 없는 곳의 땅은 재앙이다. 요즘 같은 시대에 귀농을 하는 사람들이 많이 없다는 건 대다수가 인정할 수밖에 없을 것이다. 도시가 공기도 안 좋고 많은 사람들에 치여서 복잡한 인간관계를 청산하고 싶은 사람들이 귀농을 하거나 어렸을 적 농촌에서 살았던 지인들에게서 귀농을 꿈꾸는 걸 간간히 보기는 한다. 중요한 건 매수와 매도가 타이밍이 맞아야 하는 것이라 이런 토지에 투자한다고 생각은 하지 않을 것이다. 목적이 다른 것이기 때문이다.

투자라는 건 투자하고 수익률을 기대했을 경우를 이야기하지만 이런 땅에 농사를 짓기 위해서가 아닌 수익률을 생각하고 매수했다면 환금성이 낮아 매도를 한다해도 돈을 찾을 수 없을 확률이 높다. 잘못된 투자라고 느꼈다해도 회수하려면 많은 시간이 걸릴 것이며 여기에도 수요와 공급에 의해서 공급은 있지만 수요가 없는 것이다. 사고 싶어 하는 사람이 없어서 언제 또 매수자가 나타날지 모르는 현실에 손해를 보고 매도를 해야 하는 경우도 많다.

나의 아버지가 귀농을 하고 싶어 하셔서 부여에 구입하신 저렴한 땅이 있었다. 가끔 주말에 가서 나무도 심고 수확물들도 가져 오시면서 생활하시다가 귀농할 때가 되면 내려가셔서 집을 지어서 노후를 보내실 생각을 하실 목적으로 구입한 것이다. 귀농을 확실히 할 것이고 경제적인 문제가 없다면 가능하며 계획대로 내려가면 될 것 이지만 당시 5,000만 원에 샀던 그 땅은 다시 매도를 하고 귀농을 하지 않기로 하여 노후를 책임지기 위한 종잣돈으로 사용하고 싶지만 매수자를 구하기 힘들었다.

우리 주위에 이런 사람들도 있으며, 개발이 된다 하여 투자 목적으로 샀지만 개발 호재의 섹터와 벗어난 땅들은 농지와는 조금 다를지 몰라도 개발이 되는 때에는 15년 이상을 가져가서 손주에게 돌려줘야 할 땅이 될 수도 있다. 이런 경험에 의해서 투자를 두려워하는 일도 있을 수 있으나 이는 토지에 대한 지식이 없이 막연한 말 한마디에 투자한, 실패한 투자인 것이다.

토지 카페도 비슷하다. 지인이 완공을 목표로 하는 신설 역세권에 투자를 하였었다. 개발 호재를 알고 카페를 통해서 투자를 하였으나 알고 보니 투자한 B지인은 수용 부지를 사게 된 것이다. 사야하는 땅은 역사 건물이 생기고 철도가 생기는 곳을 제외한 거기에 주차장과 새롭게 만들어지는 신설 큰 역사의 경우는 광장도 만들어지게 되는데 이 부분들을 모르고 투자하는 경우에는 정부에 수용당해버리거나 혹은 역세권 앞의 공원으로 바뀌어 개발이 불가능한 땅이 되어버린다.

이런 수용당하는 부분과 개발이 불가능한 부분을 제외한 금싸라기 부분에 투자를 해야 건물을 올릴 수 있는 상업지구 혹은 역세권 아파트가 들어설 수 있는 위치의 황금땅이 된다.

신설 역이 생기고 주위에 토지들은 용도 변경을 통해 상업지구로 바뀌게 되는 구역들이 있는데 이 부분들의 가격은 전국을 통틀어서 농지 상태인데도 불구하고 1,500만 원 이상을 호가한다. 그리고 역세권 아파트가 들어서는 토지의 경우도 적게 잡아도 800만 원에 가깝기 때문에 평당 100만~200만 원에 들어간다면 거주지로 용도가 되었을 경우에 4배 이상의 수익률을 가져갈 수 있다.

토지 전문가의 도움을 얻어 토지 투자를 한다면 엄청난 부를 가져갈 수 있을 것이고 혼자서 투자를 한다면 너무 가까운 역사건물의 주변은 수용부지임으로 투자를 조심스럽게 하길 바란다.

다 같은 역세권이 아니다. 역세권 개념을 이해하라

역세권에 대한 개념을 살펴보겠다. 역사를 기준으로 일반 역사건물의 경우 200m가 수용부지이며 500m까지를 역세권이라 말한다. KTX 등의 고속전철은 500m까지 수용범위이고 1km까지가 역세권, 3km까지가 간접 역세권으로 이런 부분들을 알고 있다면 어떤 부분을 피해서 투자해야 할지 알 수 있을 것이다.

산업단지가 들어서는 호재가 있는 곳, 농지 위에 신설 역사가 생긴다면 무조건 그것은 신도시가 생긴다는 신호라는 것을 알고 있다면 투자 지역으로 고려해 보길 강력 추천한다. 전국에 산업단지와 기업들이 이렇게 산업단지가 들어서는 곳, 우리나라에서는 천안과 평택 그리고 당진으로 하여 트라이앵글 지점으로 국가경제를 책임지는 삼성, 현대, LG 등 대기업들이 항만을 중심으로 모여 있다. 이 지점들을 중심으로 서해선 복선전철이 만들어지는 라인을 주목하길 바란다. 앞으로는 유럽과 이어지는 유라시아 철도가 향후 이어질 수 있는 중심의 라인이 될 것이다.

산업단지 안에 기업들로 일자리가 늘어나고 도시를 부양시키며 신도시가 만들어지기 때문에 많은 농지들이 개발됨으로 인하여 많은 토지 가격들이 상승하여 당신을 부자로 만들어줄 수 있다. 최근 동탄 신도시에 일정이 있어서 다녀왔다. 서동탄 역과 많이 비교되는 모습을 나타내며 신도시로 급부상하고 있었다. 서동탄 주변은 부도심으로 하여 건물들이 낮은 높이의 건물들로 동탄역과 비교가 되는 모습이었다.

동탄 뿐 아니라 송정역 등 도시개발이 모두 이렇게 바뀌고 있다. 고속철도를 중심으로 도시가 발전되며 기존의 도심이 고속철도를 중심으로 이동하는 모습이다. 이런 모습으로 본다면 신설 고속전철이 들어오는 역들 또한 고속전철을 중심으로 신도시가 개발될 것을 유추해볼 수 있다.

동탄역은 삼성으로 인하여 수혜를 받은 지역이며 동탄역은 SRT 고속철도가 들어서면서 역을 중심으로 백화점과 주상복합들이 한창 개발되고 있었으며, 근처 상업지구의 상가들의 플랜카드에 평당 가격을 조사하였더니 평당 1억3,000만 원의 분양가를 중개업자가 이야기하고 있었다. 공시지가는 700만 원으로 예상, 실거래가는 8,000만 원 정도였으나 백화점과 주상복합과 오피스텔들이 완공되면 공시지가도 더욱더 상승할 것으로 보았다.

개발의 호재가 없는 땅은 투자의 가치로 의미가 없으며 언제 개발이 될지 모른다. 기획부동산에 의해서 토지에 대한 정보를 믿지 못하고 포기해버리는 경우가 많지만 반은 기획부동산이지만 그렇지 않은 부동산도 있다는 점에서 토지에 투자를 하고 싶다면 기획부동산을 구분할 줄 아는 눈을 가지는 것이 중요하다. 기획부동산을 떠올리는 이유는 많은 사기꾼들이 존재하기 때문에 그럴 수 있는데 기획부동산은 땅을 기획해서 판매하는 일을 하는데 많은 부동산이 개발이 될 수 없고 자본력도 없으면서 기획을 해서 판매하여 이익을 챙겨왔기 때문에 실제로 개발이 되지 않는데도 불구하고 개발이 되는 것처럼 파는 땅을 조심해야한다.

기획부동산이 아닌 전문부동산 업체들을 활용해서 투자를 해야 하는데 구별 방법으로는 기획부동산은 싼 땅을 기획해서 팔며 개발의 주체가 부동산인 것이 문제이다. 더구나 개발 행위가 어려운 땅들을 취급하며, 개인 재산에 대한 재산 행위를 할 수 없는 곳이 대부분이다. 때문에 개발 호재가 있는 땅인데 너무 싸게 나온 땅은 반드시 의심해볼 필요가 있고 주의해야 한다.

역세권은 국가에서 SOC 사업시 펼치는 철도사업으로, 국민들의 세금으로 만들어지기 때문에 철저한 조사와 구체적인 계획으로 만들어진다.

역세권의 토지를 전문으로 하는 회사는 토지전문가로 하여 개발이 되는 땅들은 평당 몇 십만에서 몇 백만까지 한 필지를 매입하는 데에는 수십억 원이 들어가기도 하여 개인이 매입하기에는 엄청 큰 금액이다. 그래서 자본이 부족한 사람들을 모아 투자를 할 수 있게끔 돕고 부동산업체에서는 큰 땅을 더 쉽게 판매할 수가 있다.

토지를 구입한다면 목적에 따라 사야하는 크기가 다르다. 개인적으로 귀농을 위해서 사는 땅은 필지로 구입을 하여 혼자 건물을 지을 생각을 하고 사야하며, 개발 호재가 없는 지역의 땅을 사야한다. 빌딩을 지어서 분양을 위해서라면 최소 필지로 200평 이상은 가져가야 할 것이다. 토지 투자를 통해 시세차익을 얻는 목적이라면, 소액 지분투자로 하여 투자를 할 수 있다.

시세차익이나 빌딩을 올려서 수익을 얻을 목적이라면 좋은 입지의 토지에 투자를 해야 수익을 극대화 시킬 수 있는데 그 수익률 중에서도 신설 역세권을 중심으로 신도시가 개발되는 곳에 투자를 하고 더욱더 큰 부자가 되기 위해서는 전문가를 통해서 투자를 하기 바란다.

부자들은 이런 전문가들을 이용하며 전문가들이 아는 리스크를 걸러내는 부분들과 좋은 입지를 알아서 제대로 투자하여 수익률을 얻기 위해서 노력하고 있다. 당신보다 전문가처럼 보일 것이지만, 앞서 이야기한 기획부동산의 특징들을 살피고 투자를 하길 바란다.

그렇게 한다면 당신의 재산은 비가 오나 눈이 오나 상관없이 안전하면서도 꾸준한 상승을 하는 토지를 보게 될 수 있다. 강남에는 매일 한 평당 10만 원씩 땅값이 오르고 있다. 매년 3,000만 원 이상씩 평당 가격이 오르고 있다는 이야기다. 당신이 아무런 행위를 하지 않고서도 말이다.

토지 투자, 원 포인트 레슨! ⑩

리스크를 체크하라! - ③ 수용범위

역세권이 들어오는 곳이라고 다 좋은 토지가 아니다. 철도가 만들어지는 땅은 수용되는 땅이며 또한 수도권 단선역의 경우는 200m가 수용범위이고 500m까지를 역세권으로 정의하지만 지방의 고속전철이 들어서는 곳은 500m까지가 수용범위에 1km가 역세권의 범주 안에 들기 때문에 역의 크기를 보고 수용범위를 염두에 두기를 바란다. 그밖에 주차장 및 광장이 만들어 지는 고속전철 앞의 토지도 수용범위 임을 알아야 할 것이다.

돈이 없다면 리스크 보는 눈을 키워라

금융지식을 배우는 시간에 투자해라

우리들은 돈이 없다고 생각한다. 돈이 없어서 투자를 할 수 없다고 생각한다. 여유가 없기 때문이라고 그래서 관심도 없다는 지인들이 대부분이다. 지인들의 말대로 그 말이 맞다. 돈이 없으면 실물적인 투자는 할 수가 없는 것이 현실이지 않는가? 돈은 만들려면 만들 수 있겠지만 전혀 만들 수 없는 사람도 있다. 하지만 시간은 투자할 수 있다.

어떤 것에 투자를 하란 말인가? 자기 개발을 하는 것에는 투자 할 수 있다. 금융지식을 키워라! 투자에 관련된 책들을 읽고 부자들의 관련된 책들을 읽고서 어떻게 자수성가들은 부자가 되었는지 자수성가한 부자들은 어떻게 돈을 모았을까? 우연히 공부도 안하는데 돈이 하늘에서 떨어졌을까? 아닐 것이다. 자수성가로 부자가 되기 위해서는 사업가 혹은 투자가 여야지 가능하다.

우연히 부자가 되는 일은 로또 말고는 거의 없다고 할 수 있다. 부자가 되기 위해선 어떤 일이든 투자를 해야 하는 것이고 그것이 자신에 대한 투자여도 좋다. 책을 읽는 시간을 가지고 금융지식을 키운다면 부자들의 생각을 조금 이해할 수 있지 않을까? 당신이 부자가 되고 싶다고 해서 주위에 부자를 찾는다면 부자가 있을까? 유유상종이다. 그럼 세계적인 부자들이나 한국의 부자라고 소문난 사람을 찾아간다고 쉽사리 당신에게 시간을 써주겠는가?

세계적인 투자 전문가 워런 버핏과 점심 식사를 하기 위해 돈을 내야 한다는 이야기를 들어본 적이 있는가? 2016년도 e-bay에서 워런 버핏과의 점심식사가 40억 원에 낙찰되었었다. 현재는 더욱더 비싼 값을 치러야 워런 버핏과 점심을 할 수 있으며 점심 값은 따로 내야한다. 이미 40억 원을 한 끼로 낼 수 있는 사람이라면 부자이겠지만 세계적인 부자와의 점심을 통해서 워런 버핏의 마인드와 투자비법을 알기 위해서 40억 원을 쓰는 것이다.

우리는 워런 버핏을 만나기 위한 점심값인 40억 원이 없다. 또한 한국의 부자들을 1:1로 만나서 식사를 할 수 있는 기회도 없다. 그렇기 때문에 그들의 생각을 만나지 않고서 배우기 위해서 그들이 쓴 책을 보고서 그들의 생각을 글로 그들의 생각을 들어볼 수가 있다.

당신이 돈이 없어서 투자를 못한다면 남는 시간에 투자를 위한 금융 지식을 키우는 데 필요한 시간에 투자하기 바란다. 무료세미나를 들으러 간다던지 코엑스나 자신이 사는 곳에서 갈 수 있는 가까운 투자에 대한 세미나를 찾아서 들으러 가라! 부자가 되겠다는 꿈이 있다면 뜻이 있다면 길이 있는 법이다. 지금당장 이룰 수 없어도 한발 한발 어제와 다른 오늘을 액션을 통해서 어제보다는 부자로 살아갈 수 있다.

금융공부를 하고 부동산 재테크를 위한 지역들에 대한 공부를 통해서 국가개발정책의 트렌드를 읽고 지역들에 관심을 가져서 투자할 수 있는 기회가 된다면 그때 투자를 하면 된다. 부자가 되는 것은 선택이다. 책을 읽고 세미나를 들으러 다니면서 종잣돈을 모아야 한다. 그렇게 투자마인드를 배우고 왜 부자들은 대출을 일으켜 투자를 하는지 어떤 부분에서 기회를 찾고 왜 그 투자가 좋은 것인지 모든 투자에는 리스크가 존재하며 리스크를 걸러낼 수 있는 혜안이 필요하다. 그것이 없다면 전문가를 통해서 투자하는 방법도 있을 수 있다.

돈이 없는 우리가 부자들과 똑같이 갖고 있는 건 하루가 24시간이라는 것뿐이다. 30대의 부자와 40대, 50대의 부자가 될 수 있겠지만 50대의 부자가 되려면 30대 보다 더 큰 노력을 해야 할 것이다. 부자가 되기 위한 시간이 당신의 나이에 따라 다르다. 얼마나 올바른 투자공부와 투자 마인드로 수익을 매년 높여서 원하는 부자가 될 수 있을까? 20대엔 부자가 되기 위한 시간이 많으며 30대가 더 많은 시간과 건강이 있기 때문에 늦을수록 더 많은 노력을 해야 하며 그 기준을 정하는데 있어서도 어느 정도 타협을 해야 한다. 40대, 50대가 될수록 시간이 부족하고 큰 부자가 되기 위해서 부자의 기준을 낮춰야 할 것이다.

그래서 더 어린 나이에 재테크에 관심을 가지고 소액투자라도 경험해 본다면 경험이 쌓여서 더 큰 부자가 되고 더 실수를 하지 않을 것 아닌가? 투자를 통해서 자수성가하였다면 자녀에게도 투자에 대한 공부를 가르치고 싶을 것이다. 13살에 투자를 하는 유대인들의 문화처럼 우리도 어린나이에 금융지식을 알게 된다면 부자에 더 가까울 것이다. 가정의 환경과 부모의 가르침에 따라서 빠른 나이에 투자를 경험하는 친구들이 간혹 있다.

투자는 젊을 때 할수록 좋으며, 어려서부터 재테크를 통해 부자가 된 사람들은 더 많은 사람을 이용하며 원할 때는 돈을 소비하는 일도 생길 수 있다. 더 큰 부자가 되기 위해 기회비용을 활용하며 어떻게 해야 적은 돈으로 내가 일하지 않고도 수입이 들어올 수 있을지에 대한 파이프라인

(시스템)을 만들어 놓을 필요가 있다.

내가 노동수입으로 벌지 않아도 내가 투자한 종잣돈이 혹은 내가 만들어놓은 시스템이 나에게 월세라든지 추가수입 인세 등을 가져오게끔 만들어 놓아야 한다는 것이고 그것이 쌓이고 또 투자를 하고 다른 파이프라인을 만들고 하는 반복이다.

부자들은 인세 소득 등, 많은 파이프라인을 만들어 놓았다. 몸은 하나지만 돈이 들어오는 시스템을 여러 개 만들어 놓았기 때문에 여유로운 생활을 하며 노동을 하지 않아도 걱정 없이 여행을 떠날 수 있는 노후를 즐기는 것이다.

부자는 하루아침에 만들어지지 않는다

하루 만에 램프의 요정이 나타나서 짠! 하고 부자로 만들어 주지 않는다. 부자로 만들어지는 과정이 있는 것이고 쉽게 들어온 돈은 쉽게 나가기 마련이다. 작은 돈도 소중히 하며 적게 시작해서 돈을 모아나가야 하며 쉽게 들어온 로또 같은 돈은 그 돈을 가져보지 않은 사람은 어떻게 써야 할지 몰라서 쉽게 써버리고 만다.

부자가 되려면 지금 당장 금융지식을 키우고 부동산 재테크에 관심이 갖고 정보에 귀를 기울여야 한다. 정보가 반이라고 말할 수 있을 정도로 정보에 따라서 어디에 투자하는지가 결정되고 그 중에서도 수익률을 높일 수 있는 것도 정보를 통해서 알게 된다.

많은 사람이 모이는 곳 그곳에 돈이 많이 생기는 것이다. 정보를 알아도 좋은 타이밍에 들어올 수 있으려면 자금이 있어야 하는 것도 기본이다. 타이밍을 놓치고 후회해도 소용없지 않은가? 또 다시 기회가 올지 모르지만 같은 조건의 기회는 오지 않는다.

남들이 알지 못하는 정보를 알고 있을 때 또한 그 정보가 믿을만한 정보라면 그 때에 투자해야한다. 타이밍은 오늘보다 내일이 비싼 법이기 때문에 투자는 바로 오늘! 바로 지금이 가장 싼 시기이다.

이 시간을 어떻게 활용하느냐에 따라 인생이 달라질 수 있다. 시간에 투자하라! 당신의 나이는 몇인가? 앞서 이야기 한 대로 당신이 젊다면 부자가 되기 위한 많은 타이밍이 있을 것이다. 또한 당신의 종잣돈은 빨리 모이는 것이 아니다. 경우에 따라서는 전 재산을 만들어서 쓰는 사람도 있고 대출을 받는 사람도 있지만 30대에는 결혼을 위한 자금일 것이고 40대에는 자녀를 위한 돈, 50대에는 노후를 위한 돈, 60대는 자녀가 결혼을 하니 돈이 필요하다. 돈이 필요하지 않은 나이가 없다. 그래서 더 조심스럽다.

종잣돈을 3,000만 원이든 5,000만 원이든 모았다면 오를 부동산에 투자를 하라. 남들 맛있는 것 먹고 놀러갈 때 모은 힘들게 모은 돈 아닌가? 즐길 것들을 참아가면서 힘들게 노후를 위해 모은 당신은 대단하다. 장하다. 그리고 그 돈은 소중하다. 오를 땅에 투자해야 한다. 난 취업을 해서 얼마 되지 않는 급여로 힘들게 대학교 때의 학자금과 생활비를 갚아가면서 결혼을 위한 자본도 모아야 해서 여행도 가지 않고 절제를 하면서 종잣돈을 모으며 살아왔다.

당신의 종잣돈을 오를 부동산에 투자한다면 그 돈은 커질 것이다. 눈덩이 굴러가듯이! 그러기 위해선 돈이 없다 하여 아무것도 하지 않는 것이 아니라 금융지식을 부동산 재테크를 위한 시간을 투자해라. 그리고 종잣돈이 모였을 때 리스크를 볼 줄 아는 눈으로 실패 없는 부동산 재테크를 해라.

부자들이 보는 오를 땅을 보는 기술!

부자는 미래가치에 투자한다

부자들이 더욱더 작은 돈도 소중히 하며 돈이 나를 떠나지 않기를 바란다. 부자일수록 불안한 감도 있다고 한다. 그래서 돈을 지키기 위해 열심히 더 투자를 한다고 한다. 그리고 실패 없는 투자를 위해서 더 많은 정보에 귀를 기울인다. 반대로 된 것만 같다. 앞으로 10년 후면 계급의 이동이 힘들 것으로 보이는데 현실을 살아가기에만 급급한 현실이라고 핑계대고 현실에 안주할 것인가?

미래를 위해선 움직이고 귀를 기울여야 한다. 모든 정보가 다 거짓된 정보는 아니다. 그 정보를 가려낼 수 있는 힘이 없기 때문에 많은 피해를 보고 있지 않은가? 생각해보기 바란다.

부자들은 시간이 많을까? 반은 맞고 반은 틀리다. 같은 24시간이 주어졌지만 우리들은 매일 먼 직장을 다니며 하루에 3분의 2를 밖에서 보내는 경우도 많고 투잡, 쓰리잡 하는 분들도 많다. 돈을 모으려고 노력하지만 직업으로 돈이 늘어나는 속도는 재테크를 통해서 늘어나는 속도보다 더 늦다. 부자들은 알고 있다. 부동산을 통해서 1년 연봉을 벌게 되면 1년의 시간을 번 것 아닌가? 그 시간을 벌어서 더 여유를 가지고 했던 것처럼 혹은 더 많이 벌기 위해서 재테크엔 여러 가지가 있기 때문에 더 좋은 수익률을 찾으려 한다.

강남의 땅값이 비싸다고 해서 부자들이 처음부터 부자인 사람도 있겠지만 강남의 건물들을 가지고 있는 부자들은 어떻게 부자가 되었을까? 그들이 연봉을 우리보다 10배씩 벌고 있는가? 어떻게 강남의 땅값이 그렇게 비싼데 노동수입으로 강남의 건물을 소유하기란 힘들 것이다. 강남의 부자들은 자수성가하여 부자가 된 사람도 있지만, 부모님이 강남의 땅을 가지고 계셨던 분들이 혹은 강남의 땅 가격이 저렴했을 때 온 재산을 투자하여 지금의 부자가 된 것이다. 강남의 땅값도 처음부터 5억, 7억씩 했던 것은 아니다. 다 100~200을 거쳐서 지금의 땅값이 되고 더 올라가고 있는 것이다.

우리는 지금 부자가 아니지만 처음에 100만~200만 원이었던 강남처럼, 개발로 변할 곳에 종잣돈으로 투자를 해놓는다면, 도시가 개발되면서 우리를 부자로 만들어 줄 수 있다. 부자가 되기 위해서 긍정적인 마인드와 액션이 필요하다. 이웃이 땅을 사면 부러운 법이다. 왜냐하면 아무것도 준비하지 않고 있는 현실의 나와 비교가 되기 때문이다. 그럴 여유가 없는 것은 모두 다 그렇다. 땅을 산 그 사람은 돈을 절약하고 아껴서 모으고 부동산 재테크를 위한 한 시간이라도 당신보다 더 투자를 한 것이다.

부자들이 미운가? 부자가 되고 싶지 않으면 부자와 반대로 행동하면 된다. 하지만 부자가 되고 싶다면 부자에게서 배울 점을 찾아라. 지금은 부자들이 써놓은 책들이 무수히 많다. 단 한권의 책도 안 읽고 세미나도 안 들으면서 배움에 대한 어떤 정보와 지식도 관심을 가지지 않으면서 재테크를 할 수 있는 여건이 되었을 때 올바로 판단할 수 있겠는가?

부자들은 어떤 투자를 할까? 토지와 유명작가의 작품들의 공통점이라면 희소성에 있다. 그림이나 서예예술품에도 투자를 한다고 한다. 원본이 있고 작품을 따라 한 모작의 그림이 있다. 모작의 그림은 원본에 비해서 가격의 차이가 엄청나다. 유명작가의 그림이나 서예의 작품들은 화가라든지 서예가가 고인이 되었을 때에는 다시는 그 작가들의 작품을 가질 수 없기 때문에 한정적이고 그 안에 작가만의 감성의 힘이 들어있다.

토지가 가지는 희소성은 미술작품과 같다

토지와 유명 작품과의 공통점은 어떤 것이 있을까? 그것은 희소성이다. 강남의 토지 가격과 부산의 토지 가격의 가치는 다르다. 대한민국 50%가 수도권에서 거주하며 강남을 중심으로 사람들이 몰린다. 그렇기 때문에 강남의 입지가 부산의 입지와 다른 것이다. 그리고 그 위치가 가지는 입지의 희소성과 유명작가의 작품은 희소성이 있다는 것이 공통점이다.

남들이 다 똑같이 가지는 것은 가치가 있겠는가? 물만 하더라도 세계에서 가장 비싼 물은 아우룸 79(Aurum 79)라고 하여 이 생수병에는 금과 다이아몬드 크리스털로 감싸져 있다. 이 물의 가치는 10억 원을 호가한다고 하며 전 세계에 3병만 만들어져 있다. 모든 것에는 가치가 있고 희소성의 가치가 있는 것에 투자를 해야 한다.

미래가치에 투자해야 한다는 말을 들어봤을 것이다. 현재에 이미 다 만들어져있는 상태의 것은 투자 대상이 되기에 마땅치 않다. 수익률이 낮기 때문인데 미래가치가 있는 것에 투자를 해야 좋다는 의미를 다시 살펴본다면 아직은 저평가 되어 있는 것에 투자를 해서 그 가치가 눈에 보일 수 있고 많은 수익을 미래에 가져올 수 있는 것이어야 한다.

예를 들자면 강남을 예로 들면 다 알고 있지만 우리 모두 강남에 살고 싶고 대한민국 최고의 위치를 가진다고 일반적으로 생각하기 때문에 다들 강남에 산다고 하면 성공했다고 말한다.

현재에 우리 같은 서민이 강남에 살 수 있겠는가? 살지도 못하는데 거기에 투자를 할 수는 있겠는가? 강남에 살고 여유돈으로 투자를 한다고 하더라도 이미 그 가치가 너무나 뛰어서 많은 수익을 올리기에는 수익률이 투자금에 비해서 낮다. 우리가 투자처라고 생각하는 것은 적은 돈으로 많은 수익이 나야 하지 않겠는가?

그렇기 때문에 미래의 가치가 높아질 저평가된 부동산을 사야한다. 부자들은 미래가치를 보는 눈을 가졌으며 주변에서 그런 눈을 많이 보아왔기 때문에 그 가치를 상상하고 머릿속으로 그린다. 일반적인 서민들은 관심도 없으며 본적도 없고 남의 일이라고 생각만 할 뿐이다.

부자들은 현재 가진 것을 잃기 두려워서 가진 것을 지키기 위해서 더 부자가 되기 위해 노력하기도 한다고 한다. 이런 부자들이 투자처로 보는 것은 기업의 수요와 교통이다. 대기업은 미래가치를 보고 개발을 하고 발전해 나간다. 이런 대기업에는 많은 사람들이 일을 하고 싶어 하고 연봉도 높으며 복지도 좋다. 대기업은 국가의 경제를 책임지기도 한다. 이런 대기업이 개발을 하는데 돕고 편리를 제공해준다. 돈이 많은 고액연봉자들이 대기업을 다니는데 편리하게끔 도로라든지 철도를 만들어 더욱더 경제성장을 돕기도 하며 이런 교통이 발전하는 곳을 중심으로 사람들이 몰린다.

어느 곳에서든 성공하고 부자가 되기 위해서는 많은 사람들이 불편함을 느끼는 것을 해결해주고 그것을 돈과 연관시킬 줄 알아야 한다. 얼마나 많은 사람들의 불편함을 해결해주느냐에 따라서 더 큰 부자가 될 수 있다.

기업이 들어서고 교통이 들어서는 곳들에서 사람들이 많이 땅을 밟고 지나간다. 대기업이 들어서는 곳에 교통이 발달하고 대기업이 들어오기 전에는 저평가가 되어있다. 대기업이 들어오는 정보 혹은 교통이 발달하는 곳에 정보를 얻고 그곳에 투자를 하여 발달 하고나면 그 가치가 달라진다. 이 가치가 달라질 곳을 부자들은 투자를 하는 것이다.

부자들이 보는 오를 땅을 보는 눈은 미래가치를 알고 있다는 점인데 지금 당장에는 건물이 들어서 있지 않더라도 그 입지가 가지는 가치를 알아보는 것이 중요하다. 땅의 가치는 같은 평수라도 몇 층의 건물을 세울 수 있고 어떤 상가가 들어설 수 있는지가 그 가치를 나타낸다.

땅의 가격이 뛰는 것은 땅의 용도가 변경이 되면서 얼마나 고층의 건물이 들어설 수 있느냐가 중요한데 신설 역의 경우 고층의 건물을 올릴 수 있는 가장 노른자의 땅이고 이렇게 건물이 올라갈 수 있는 용도가 아닌 농지용도의 상태에서 건물이 올라갈 수 있는 용도로 변경이 되면 엄청난 수익을 올릴 수 있다.

10배의 수익률만 해도 괜찮지 않은가? 많게는 100배도 오르는 땅들이 있고 강남의 땅값도 처음에는 100만 원도 안 하던 때가 있었다. 이런 땅이 사람이 많이 밟게 되는 입지의 땅이 될 거라는 걸 알아보는 눈이 필요하다. 대기업과 교통의 발전이 되는 정보에 관심을 가지고 교통이 발전한 곳에 대기업이 들어오든 아니면 대기업이 들어서는 곳에 교통이 발전하기 때문에 그런 곳에 입지를 보고 안전한 곳에 투자를 하는 것이다.

이런 땅은 사지말자!

땅이라고 다 같은 땅이 아니다

앞에서 이야기한대로 땅은 내 땅 위에 얼마나 높은 건물을 지을 수 있는지를 나타내는 용적률이 최고로 중요한데, 상가가 들어설 수 있는 상업지역에 땅을 가지고 있고 아직 용도 변경전이라면 수익률이 엄청나게 상승해서 당신을 부자로 만들어줄 수 있다. 그러나 역세권 땅이라고 해서 다 좋은 것만은 아니다. 땅들은 다 그 각자 땅 밑에 정보를 가지고 있고 우리 눈으로는 정보를 알 수 없기 때문에 정보가 중요하지만 일반인들은 그런 정보를 얻을 수 없다.

땅이라고 다 좋은 땅은 아니고 대기업이든 산업단지의 경우 혹은 교통의 호재가 있는 지역은 발달하게 되고 땅의 가치가 올라가지만 개발 호재가 없는 임야의 산의 경우는 택지로 개발이 되기도 한다. 땅 중에서도 가장 높은 수익률을 만들어 내는 곳은 역세권의 땅이다. 기업보다도 사람들이 가장 많이 밟는 땅 그곳이 바로 역세권의 땅이다.

그럼 역세권 앞에 들어서는 땅이라도 안 좋은 땅은 어떤 땅일까? 역이 만들어질 때는 철도가 필요하다. 역사건물 그리고 버스 정류장, 택시 승강장, 주차장 등은 나라의 건물이 들어서는 곳인데 이런 곳을 수용부지의 땅이라고 하고 이런 곳에 투자를 한다면 수용부지가 되어서 아무런 개발 행위를 내 뜻대로 할 수 없고 국가에서 가져간다. 처음부터 투자가 아닌 땅을 가지고 있었던 사람이라면 좀 상황이 다르다.

개발이 되면서 농지보다 높은 가격으로 보상을 받겠지만 내 땅 옆의 땅은 개발이 될 수 있는 땅으로 가치가 100원의 동전과 만 원권 지폐의 차이라고 말할 수 있다. 이와 반대로 오히려 투자로 들어갔을 때에는 돈을 기존의 농지보다 가격을 비싸게 주고 샀을 가능성이 높기 때문에 오히려 손해를 볼 수 도 있다. 그렇기 때문에 역세권의 땅이라고 하더라도 투자를 할 경우는 역의 위치가 되는 곳은 피하는 것이 맞다. 또한 역의 크기에 따라서 수용부지의 범위도 나눠지기 때문에 큰 역의 경우는 더 많은 수용부지가 필요하다.

역세권 땅에도 알짜배기가 있다. 리스크를 체크하라!

내 땅 위에 유물이 나왔다면 아무리 역세권 땅이라고 하더라도 남들과 같은 속도로 개발이 될 수는 없다. 그리고 유물이 나온 땅을 기준으로 이격거리라는 것이 있는데 이격거리는 유물이 근처에도 있을 수 있기 때문에 그 부분만큼은 개발을 할 수 없다. 유물산포지역으로 구분되면 유물을 보전해야 됨에 따라서 유물을 다 출토한 뒤에 건물이 들어설 수 있어서 아주 안 좋다는 의미는 아니지만 시간이 더 걸린다.

또 다른 역세권 앞의 땅이지만 가지고 있더라도 개발이 안 되는 땅에는 땅위에 건물을 짓는 데 있어서 높은 건물이 올라갈 수 있지만 건물의 무게를 견디지 못하는 땅이 있다. 이런 땅을 연약지반이라고 한다. 역세권이라고 하더라도 앞에 보면 다 숲으로 되어있고 그 뒤로 상권이 발달된 곳들이 있는데 이런 부분들은 연약지반일 가능성이 있다. 4호선의 중앙역을 가보면 역을 중심으로 앞에 노른자 땅인데도 불구하고 공원처럼 나무만 심어져 있다. 이런 사례가 연약지반의 예로 들 수가 있다.

다른 투자요소에는 학교 정화구역이 있다. 이 경우는 나쁜 경우가 아닌 이왕이면 더 좋은 투자를 위한 것을 이야기 한다. 학교 근처에는 유흥시설이 들어설 수 없다. 공부를 위한 학교 근처에 술집이나 노래방 같은 유흥을 위한 상가들이 들어서면 면학환경이 조성될 수 없다. 그래서 도시 위에 역이 만들어질 때, 이 학교 정화구역 옆에 땅이 있다면 그 땅에는 상가건물이 들어서더라도 들어올 수 있는 자영업이 한계가 있다.

땅이란 희소성이라고 이야기했듯이 물건이라고 생각하면 이해하기 쉽다. 내가 가지고 싶지 않은 땅, 돈이 되지 않는 땅을 가지고 있다면, 남들도 그 땅을 가지고 싶어 하지 않는 것이 당연하다. 다 같은 땅이 아니고 귀농을 하려고 땅을 샀다가 땅을 처분한다고 하면, 농사를 지을 사람이 사야 할 텐데 그런 사람이 많지가 않아서 거래가 많지 않은 것이 문제다.

왜 역세권 땅이 인기 있고 비싼지 쉽게 설명해보겠다. 아무리 맛이 없는 치킨집이라도 역 앞에 있으면 유동인구가 많아서 단골이 아니어도 장사가 된다는 이치와 같은 것이다. 찾는 사람이 많기 때문에 역 앞의 프랜차이즈들은 홍보효과와 편의를 제공한다.

이렇게 개발되지 않는 땅에는 답이 없다. 개발이 된다고 하여 투자한 땅이 알고 보니 개발의 범위를 벗어난 곳에 투자를 했다면 언제 개발이 될지 모른다. 그리고 투자한 시간도 무시를 못한다. 주위에 땅을 사놓고도 아무런 수익을 본 사람들이 없다는 이야기들이 들려온다. 그리고 농지의 땅은 사고 난 후에 바로 판다면 세금문제도 생긴다. 그렇기 때문에 몇 년을 보유해야 하는 것이 맞다.

경강선의 부발역에 투자한 사람들 중에 L모씨는 적은 돈 2,500만 원 정도를 투자하고 14개월 만에 4,200만 원에 판 사례가 있다. 언뜻 보면

60%의 수익률이라고 해서 좋다고 여길지 모르나 실수이다. 이런 경우는 보유기간이 너무 짧기 때문에 세금으로 많은 금액이 나갔을 것이다.

농지 땅을 투자할 때에는 단기간에 수익을 본다는 생각보다 조금 중장기로 보유하는 것이 맞다. 세금 문제가 있는 것도 그렇지만 개발이 되는 땅이라면 보유했을 때 그 가치가 더 점점 커지기 때문에 어쩔 수 없이 매도를 해야 한다면 수익을 보고 매도를 해야겠지만 그렇지 않다면 보유하는 걸 추천한다. 막연히 아무런 개발도 없는 땅을 가지고 가는 것은 기회비용을 잃기 때문에 움직이는 땅에 투자를 하는 것이 맞다. 왜 가지고 갈 때 더욱더 많은 가치가 생겨날까? 개발되는 땅이 용도 변경이 되면서 건물을 지을 수 있는 용도로 변경되면 역세권 앞의 상권은 보통 당신도 알고 있듯이 큰 빌딩이나 상가건물들이 자리를 차지하고 있다.

이렇게 되는 땅의 가치가 높다보니 바로 처분을 하는 것보다 보유를 오래 가져가면 그 위치에 빌딩의 건물이 생기고 많은 유동인구가 생기게 됨으로 인해서 가치가 높아진다. 이런 위치에 땅을 가지고 있다면 어떨까? 개통된 역사 기준으로 그 앞의 상가가 들어서 있는 입지의 땅 가격들은 2,000만 원 미만은 없기 때문에 500만 원에만 들어간다고 하더라도 4배의 차익을 얻을 수 있다. 땅의 가격으로만 해도 이 정도이지만 여기에 건물이 올라간다면 그 수익은 더 올라갈 것이며 건물에서 임대수익을 얻을 수 있는 조건이 된다면 매월 임대수익까지 받을 수 있다.

부동산 땅 투자를 하려면 어떤 상을 사야하고 어떤 땅은 사지 말아야 할까? 개발이 되는 호재가 있는 땅에 투자 지역에 투자를 해야 한다. 지금은 울산이 대기업 현대중공업으로 인해서 엄청난 부를 이뤘던 도시이지만 현재는 현대제철이 빠짐으로 인해서 현대제철과 산하 기업들도 당진으로 몰리면서 당진이 발전되고 있다. 이제는 하나의 산업만으로 개발되는 것이 아닌 여러 다방면으로 개발되는 지역이 더 좋을 것이다.

물론 기업들이 들어서면서 산업단지가 생기고 교통이 발전되며 지역이 사람이 더 살기 좋은 도시로 바뀌게 된다. 이런 지역에 투자를 하면 미래가치를 더 기대해볼 수 있을 것이다. 투자 목적으로는 개발 호재가 없는 땅 그리고 교통이 발달되는 곳으로 투자 지역을 구체적으로 그려보는 것이 필요하다. 교통이 발전되는 곳을 입지로 보고서 역세권 개발이 되는 곳에 관보와 고시를 확인하고 투자시점을 확인하고 투자하길 바란다.

토지 투자, 원 포인트 레슨! ⑪

리스크를 체크하라 - ④ 학교 정화 구역

나쁜 땅은 아니나 상권이 들어서도 어떤 상가가 들어 오냐에 따라 얻는 수익이 다를 것이다. 학교주변에는 유흥시설이 들어올 수 없기 때문에 상업지구라도 돈이 되는 유흥시설이 들어올 수 없는 상황이기 때문에 투자자본 대비 수익률이 낮을 수 있다는 점을 염두하고 있길 바란다. 당신이 투자하는 땅의 위치에 학교여부를 확인하길 바란다.

5 장

부자가 되고 싶다면 토지 투자가 답이다!

Investment in Land

당신의 인생의 찬스는 바로 지금이다!

땅 부자, 지금부터 당신의 선택에 달려있다

인생의 찬스란 준비된 사람에게 찾아온다. 어떤 사람이 준비된 사람인가? 부자를 꿈꾸고 부자에게 관심이 있는 사람은 부자가 되기 위해 재테크 공부를 한다. 우리가 알지 못해서 그냥 지나쳐가는 정보를 못 알아본 것이다. 나는 부자가 되는 꿈을 꿨다. 어떻게 될지 모르는 미래를 위한 준비가 되어있지 않았다. 그래서 재테크 세미나를 다니고 재테크에 관심을 가졌다. 재테크만이 나의 미래를 바꿔줄 수 있다고 생각했다.

당신의 미래에 계획은 어떠한가? 인생의 준비를 당신이 준비한 대로 가게 되면 좋겠지만 확실하게 부자가 되는 법을 당신은 알고 있는가? 부자가 되기 위해서 무엇을 해야 한다고 생각하는가? 어떻게든 살아야 때문에 직장을 가지고 결혼을 하고 먹고 살기위해서 사는 삶이 많다. 어떻게 해야 부자가 될 수 있을지 모르기 때문이다.

부자가 될 수 있을 거란 꿈이 있는가? 언제까지 회사를 다닐 수 있을까? 자의든 타의든 우리는 회사에서 나오게 된다. 당신의 인생에서 투자 없는 삶은 미래에 극과 극으로 나눠진 계급구조 속에서 지금처럼 그냥 하루를 살아갈 뿐인가? 미래를 위한 계획을 세워야 하고 목표를 정해야 한다. 우리는 더 행복하기 위해서 더 많은 돈이 필요하다.

기계 노예처럼 살아가는 삶 언제 내쳐질지 모르는 직장은 우리를 책임져 주지 않는다. 우리는 많은 선택을 하면서 살아왔고 앞으로도 그럴 것이다. 어떤 사람은 재테크를 해서 미래를 준비하고 어떤 사람은 현실을 그대로 살아가기만 한다. 미래를 위한 어떤 선택을 하고 준비를 해야 하는가 생각해보길 바란다.

지금이라도 부자가 되고 싶다면 지금까지 와는 다른 부자가 될 수 있는 정보에 관심을 가져야한다. 사람마다 각자 타이밍이 있다. 나이가 많거나 돈이 많거나 다 제각각 타이밍이 다른데 당신이 재테크에 관심을 가지기 시작한 지금부터가 가장 빠른 찬스이고 어느 정도 부자가 될 수 있는지가 달려 있다. 지금 당장 종잣돈이 없더라도 재테크 공부를 해서 미래를 위한 준비를 한다면 당신의 미래는 그냥 지금처럼 사는 인생보다 더 풍족한 노후가 될 것이다.

부자들은 미래가치가 높아지는 것을 잘 안다. 유유상종이라고 하여 부자들끼리 많은 정보를 공유하기도 하지만 정보에 귀를 기울이고 더 큰 부자가 되기 위해 노력한다. 더 큰 부자가 된다면 자녀들이 더 편하게 살 수 있기 때문이다. 우리들도 자녀들이 행복하게 살기 위해서 꼭 돈이 행복의 전부는 아니지만 돈이 있으면 걱정을 적게 할 수 있기 때문이다.

우리 자녀가 무시 받지 않고 살길 바라지 않는가? 돈은 많을수록 좋은 것이다. 돈이 많으면 주위를 도와줄 수도 있지 않은가? 돈이 없어서 도움을 못주는 상황이면 마음이 아프지 않겠는가? 당신의 노후에 요양병원에서 지내는 삶에도 돈이 없다면 자녀들에게 손을 벌려야 할 것이다.

지금 당장 시간에 투자하라

지금 당장 시간에 투자하라! 그렇게 해서 시간을 아끼면서 종잣돈을 모으고 한편으로는 재테크 공부나 정보를 듣는 시간을 투자해서 어떤 곳에 투자를 해야 후회를 하지 않고 재산을 증식시킬 수 있는지 최고의 투자를 위해서 공부가 필요하다.

우선은 책부터 시작해도 된다. 재테크 서적들이 좋은 것들이 많이 나와 있다. 이 책을 읽고 있는 당신은 미래를 위한 준비를 하고 있다고 할 수 있다. 나는 재테크를 공부하기 전에 유튜브를 통해서 투자에 대한 많은 전문가들의 이야기들을 들었고 지금도 많은 의견들이 나오고 있다. 재테크 방송 유튜브나 세미나 그리고 서적을 통해서 관심을 기울이는 시간이 당신에게 투자마인드를 일깨워줄 것이며 더 자신 있는 미래를 설계할 수 있을 것이라 본다. 막연하게 준비 없는 삶이 아닌 노후에 당당한 당신이 될 것이다.

이제부터 부자가 될 수 있다! 어떻게 재테크에 관심을 가지기 시작한 것은 다 각자 나름이고 사정이 있겠지만 부자가 되기 위한 꿈을 꾸고 어제와 다른 오늘 하루를 산다면 당신의 미래는 바꿀 수 있다. 지금의 당신의 모습은 예전에 어떤 선택을 했던 선택의 결과의 모습이 현재 모습이다. 종잣돈을 모아서 투자를 할 수 있지만 시간이 많이 걸린다. 돈을 모은 후에 공부한다? 더 늦어질 뿐이다. 많은 사람들은 투자를 할 때 은행의 대출을 이용한다. 당신이 투자를 위한 대출을 두려워할 수도 있다. 그러나 내가 가진 종잣돈으로 투자를 하는 것과 남의 돈으로 투자를 하는 것과 수익률에선 많은 차이를 보인다.

이제부터 관점을 바꾸고 몰랐던 재테크에 대한 정보를 공부하고 드림리스트를 만들어서 움직여라! 부자는 선택의 차이라고 생각한다. 서울의 집값은 평균 10억에 가까워지고 있으며 일반 사람들이 월급으로는 현금으로 사긴 힘들다. 무조건 대출을 받고 사야하며 그리고 대출금을 갚아가면서 30년 동안 집값을 은행에 지불하고 있다.

내가 처음 경매의 관점에서 생각했던 때에는 모든 재산을 집값에 투자하는 것보다 월세를 살면서 재산을 통해서 실물 자산을 가져가고 실물자산 부동산이라면 대출을 받아서 그 집을 사서 월세를 받으면서 그 월세로 대출금을 갚고 남은 돈은 내 추가수입이 될 수 있으며 그 집은 일반매매가보다 경매가격으로 샀기 때문에 적은 투자금과 높은 대출로 산 집이 시세가 오른다면 내 자산이 증식되는 것이라고 생각했다. 그리고 모은 돈으로 또 다른 자산을 사려고 했다. 이 같은 사례는 관점을 달리하자는 의미이고 달라진 관점으로 투자에 관심을 가져야 한다는 것이다.

어떤 방식으로든 자신에 맞는 투자방법을 선택하고 투자를 통해서 재산을 늘려가는 행동이 중요하다. 나는 역세권 토지에 투자를 한다. 경매도 물론 좋다고 생각하지만 정부의 정책으로 인해서 건물에 대한 거주지에 대한 세금폭탄들과 관리에 대한 부분 그리고 수익률 면에서 역세권 토지를 통해 더 큰 부자가 될 수 있다는 확신으로 시작하였다. 다주택자들은 12.16 정책으로 인해서 세금폭탄을 막기 위해서 여러 방법을 통해서 정리를 하고 있다. 토지는 거주지처럼 많은 세금으로 제재를 가하고 있지 않다.

재테크에는 리스크가 존재를 하고 큰 리스크를 가져가는 재테크일수록 큰돈을 벌 수 있다. 그러나 많이 알수록 리스크는 줄어든다. 더 큰 부자가 되고 싶고 높은 수익률을 생각한다면 그만큼의 리스크를 감수해야만 한다. 토지를 투자하면서 역세권 토지를 투자한다면, 리스크를 개인이 다 알기란 한계가 있음으로 전문가의 도움을 받기를 바란다.

리스크들이 있음에도 그런 리스크들을 제외하고 투자를 한다면 일반적인 수입과는 비교도 되지 않는 수익률로 당신의 미래는 편안한 노후를 보낼 수 있다. 당신의 선택만이 남았고 부자가 되기 위한 선택을 통해서 무엇을 할 수 있을지 어떤 시간을 보낼지는 당신의 몫이다. 전문가를 구별하기 위해선 공부도 필요하며, 부자가 되고 싶다면 부자들처럼 부동산에 투자를 그것도 지금은 토지 쪽으로 많이 넘어가고 있는 현실에서 당신도 토지에 대해서 공부를 해보는 것을 추천한다.

부자가 되고 싶다면 토지 투자가 답이다

공급자가 될 것인가? 소비자가 될 것인가?

지금까지 당신은 건물이 부동산 재테크의 전부라고 알았을 것이다. 아니면 땅 투자는 전혀 생각도 안 하고 있었을지도 모르겠다. 지금까지 땅의 가격이 어떻게 오르는지 몰랐었지만 이제 몰랐던 가치에 눈을 떠서 관점을 달리할 것이라 생각한다. 그동안의 선입견과 편견 때문에 몰랐지만 지금까지 우리는 마지막 소비자로서 건물을 사려고 노력했으나 원재료인 땅에 투자를 하였을 때는 엄청난 수익과 안정성을 보장한다.

세계적으로도 토지가 중요한 입지가 있는 부분에서 그 가치가 다른 것과 비교를 할 수가없다. 부동산 중에서 왜 토지 투자를 이야기하는가 하면 그것은 토지가 가지는 원자재로서의 가치가 최고의 가치를 하는 것이기 때문이다. 토지에 투자를 한다는 것의 의미는 공급자의 입장이 된다는 것이 된다.

사람들은 아파트 가격이 오르는 것에만 관심을 가지고 토지에 대해선 전혀 모르고 있는 경우가 많다. 앞서 이야기했던 것처럼 1964년을 기준으로 해서 2015년까지 50년 동안 평균적으로 땅값이 3,030배 올랐는데 크게 오른 곳은 5,000배 가량 오르기도 하였다. 이렇게 오르는 동안 건물도 수백 배가 올랐긴 해도 그 차이를 보면 건물보다 토지가 훨씬 더 크게 상승한 것을 알 수 있다.

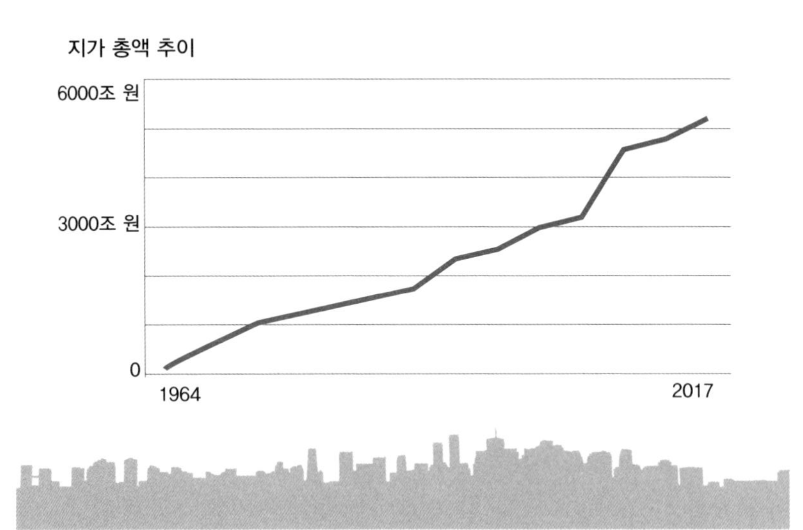

아파트에 투자하는 것에 대해 잘못하고 있다고 말하는 것이 아니다. 이것도 어느 입지에 있냐에 따라서는 안전한 자산일수도 있다. 그렇지만 당신의 관점을 달리하면 더 큰 돈을 벌수 있다는 점을 알려주고 싶다. 서울이나 수도권의 아파트 한 채의 가격을 아파트가 아닌 토지에 투자하여 안정성과 수익성을 더 높게 가져갈 수 있다. 땅은 어느 누구도 만들어 낼 수 없는 유일한 것이어서 희소성 면에서 어느 것과도 비교 불가한 상품이다. 땅에 투자를 한다면 시간이 가면 가치가 상승하고 그 입지와 타이밍에 따라서는 개발이 이뤄지면서 자산의 가치가 지속적으로 상승한다.

한국은 토지가 좁은 나라이다 보니 H기업이 힘들었을 시기에 인천의 얕은 바다를 메워서 간척지를 만들며 그 수익으로 인해서 다시 재도약할 수 있는 힘을 얻었던 것을 알고 있는가? 토지가 무한정으로 있는 것도 아니고 필요한 만큼씩 충족될 수 있는 것도 아니다. 영종도가 처음에 그렇게 큰 땅이 아니었었다. 그러나 지금은 1,800만 평으로 여의도의 20배에 달한다. 이렇게 큰 곳에 해외기업들이 투자를 하며 향후에 우리나라의 인천공항을 통해서 많은 해외인구들이 허브공항으로 이용하고 인천 영종도에 체류하는 시간이 72시간으로 늘면서 많은 관광도시로 급부상할 날이 올 것이다. H기업뿐이 아니다. 우리나라 대기업이나 큰 프랜차이즈 업체들이 가지는 입지의 부동산의 가격으로 부를 늘리고 있다.

땅이 중요한 것은 원형지로서 땅이 있어야 건물도 짓고 도로나 교통을 만들고 인간이 필요한 모든 것에는 땅이 필요하다. 건물이 지어지는 땅을 가지고 있으면 그 자체만으로도 비싸지만 건축물이 올라가면 그 입지의 가격으로 인해서 땅값은 더욱더 상승한다. 여기에 개발 호재가 있는 곳이라면 극적으로 해서 자산이 늘어날 수 있다. 하지만, 건물을 투자하는 사람들은 어떠할까? 땅이 있고 토목공사를 통해서 건물을 지을 수 있게 만들고 거기에 건축을 하고 유명한 연예인의 홍보와 마케팅 등을 하고 분양가를 얹어서 판매를 한다. 건물을 투자하는 사람은 이 많은 돈이 들어간 거품이 가득 차버린 것을 사게 된다. 대도시의 집값은 오를 수도 있지만 땅값이 오르는 것과 비교가 되지 않는다. 부동산의 진실은 땅에 있는 것이다.

아무 땅이나 수십 배, 수백 배 오른다는 것은 아니지만 제대로 투자한다면 같은 돈을 투자하고도 훨씬 더 안정적이며 부자로 만들어 줄 수 있다는 건 확실하다. 철도 신설 역세권의 확실한 정보를 알고 투자했을 때 수익을 올리지 못하는 경우는 없다고 봐도 과언이 아니다.

재테크를 하는 입장에서 부동산에서 수익을 최고로 얻으려 한다면 원자재인 땅을 투자하여 공급자가 될 것인지 아니면 마지막의 건물을 다 짓고 난 후의 거품이 낀 분양한 건물을 살 것 인가 오를 때로 오른 건물을 사는 소비자가 될 것인지 소비자 보다는 원자재를 소유하여 공급자가 되길 바란다.

신설 역세권 토지에서 투자처를 찾아라

2025년까지 신 국토개발의 뼈대가 만들어지고 고속 철도망이 완성되면 서울에서 부산까지 2시간 반이면 갈 수 있다. 전 국토가 일일 생활권이 되게끔 개발 방향이 만들어져 있고 이런 고속철도가 들어서는 곳들을 기준으로 발전이 될 것이다. 앞으로 430km로 달리는 해무가 이용되면 1시간 반 만에 서울까지 가능한 날이 올 것이다. 앞에서 이야기했던 대로 교통이 발달하는 곳들에는 미래가치가 있다. 지방에도 신도시가 만들어지는 곳을 투자해야 한다. 이렇게 되면 사람이 모이고 기업이 있는 곳에 관심을 가져라.

이렇게 2025년까지 완성되는 때엔 전국의 중요 거점들이 완성되고 이후엔 투자처가 있다고 하더라도 큰 수익을 얻을 수 없다. 2025년 이후에는 이미 완성된 국토개발의 주요 거점들을 중심으로 작은 계획의 일부만 남을 것이다.

종잣돈 1억 원이란 돈을 모아서 투자한다는 생각보다는 적게 할 수 있을 때라도 조금씩 적금을 가입하듯이 던져놓는 것이 좋다. 그렇게 하면 분산으로 투자한 2,000만 원, 3,000만 원이 다 큰돈이 되어서 돌아올 것이고 길게는 10년을 보면 좋다. 이미 착공을 하고 개발이 진행되고 있는 곳이라면 시간을 더 짧게 봐도 될 것이지만 기본적으로 착공이 들어가고부터 10년 정도를 보면 된다. 현재 2020년 앞으로 신설 역세권에 투자를 생각한다면 종잣돈을 마련하면서 공부를 해서 부자가 되어 계급상승을 그려보길 바란다.

부자로 태어난 사람이 아니라면 부자보다 더 열심히 공부를 해서 재테크 마인드를 가지고 똑똑하게 투자하길 바란다. 부자가 되는 길은 쉽지는 않을 것이다. 남들처럼 다 누릴 것 누리면서 부자가 될 수는 없다. 조금은 허리띠를 졸라매고 노력하고 적게 소비해야 당신의 미래를 바꿀 수 있다. 단순히 적게만 소비한다고 해서 부자가 될 수는 없다. 무엇보다 중요한 것은 부자 마인드와 재테크 공부이다. 그리고 투자를 하는 결단력이다.

부자가 되고 싶다면 다른 재테크보다 토지 투자가 답이다. 역세권 토지 투자라면 당신을 안전하게 부자로 견인해줄 수 있다. 개발 호재가 있는 토지여야 의미가 있으며 묶이지 않는다. 개발이 가능한 대한민국의 토지는 대한민국의 4%도 채 되지 않는다. 여기서 투자처를 찾는 데 있어서 철도를 중심으로 기업이 들어오고 사람의 유동인구가 많아질 곳이 정답이다.

지금까지 잘 몰랐던 역세권 토지 투자의 진실과 어떤 부분들이 리스크로 존재하는지, 그리고 그런 부분들을 어떻게 해쳐나가야 하는지를 알게 된다면 역세권 토지 투자를 권유받을 경우, 분별해낼 수 있을 것이다.

투자를 하는 데 있어서 불안할 수도 있다. 나 역시도 처음에 경매에 투자할 때 엄청난 가슴 떨림을 느꼈다. 그러나 내 미래를 바꾸기 위한 행동을 해야 했고 모든 제산을 굴릴 생각으로 투자를 했다. 진짜로 개발이 될까? 라는 질문을 던지는 사람들도 있다. 봐온 적이 없는 경우가 많기 때문이다. 이미 많은 사례를 통해서 신도시 개발이 되고 있고 국가에서 진행하는 사업에는 수많은 타당성 조사를 거쳐서 진행한다.

첫 삽 뜬다고 하여 착공이 들어간 시점에서는 이미 되돌리기가 힘든 것이 현실이다. 농지에서 철도가 만들어진다고 하면 그곳에 역사건물이 생기고 역세권 개발이 이뤄지면서 용도 변경된 농지에 토목공사가 시작되면 평당 1,000만 원을 넘어간다. 토목공사가 되기 전인 시점에 투자를 하는 것이 맞고 이렇게 되는 토지에 투자하고 싶지 않겠는가? 이런 땅은 산 시점부터 계속해서 올라간다.

토지 투자, 원 포인트 레슨! ⑫

리스크를 체크하라! - ⑤ 악취권역 지역

신도시가 개발되는 곳에는 상가뿐만 아니라 주거할 수 있는 역세권 아파트 근처에 악취가 난다면 살고 싶지 않을 것이다. 정화조 같은 악취가 날수 있는 건물이 근처에 있다면 그곳은 살기 좋은 입지가 아닌 것이다. 수용되는 부분이다. 피해야만 한다. 이밖에도 대기환경 보호지역을 피해서 투자하길 바란다.

대한민국에서 진짜 부자가 되는 법

기회를 잡기위해 알아야 할 것들

대한민국에서는 아직 기회가 남아있다. 선진국의 대열에 들어섰지만 토지를 통해서 혹은 사업을 일으켜서 부자가 될 수 있다. 많은 사람이 필요로 하는 그곳에 투자를 해라! 당신의 아버지가 부자가 아니라면 당신은 30~40년의 노후를 준비할 수 있어야 한다. 물려받는 자산이 있을지도 모르지만 없을 확률도 무시할 수 없다. 대한민국의 고령화 사회로 접어들었고 미래는 불안정하다.

당신은 일할 수 있는 나이가 얼마나 남아있는가? 나이가 들어서도 서울 근교 수도권에서 살고 싶은 건, 늙어서도 아파트 경비원이든 어떤 일이든 할 수 있는 일이 더 있기 때문 아닌가? 연금만 믿고 살기에도 부족하다. 그래서 받은 퇴직금으로 자영업을 하거나 혹은 임대를 통해 수익형 부동산으로 미래를 준비하려 할 것이나 그때에 가서 준비할 것인가? 또한 그게 확실한 노후준비 방법이라고 생각하는가? 만족하는 삶을 산다면 괜찮을 수도 있다.

땅 투자는 선입견과 편견 때문에 기회를 놓친다. 보통 주변 지인들을 통해서 땅을 사고 몇 년째 가격은 오르지 않고 개발이 된다고 했는데 아무런 요지부동인 움직임이 없는 땅들을 보고 사기 당한 거 아닌가라는 생각부터 들지 않는가?

최근 나의 아버지에게도 문자로 가끔 정보가 날라 온다. 부천의 어디 역세권의 땅인데 평당 57만 원 한다는 내용이다. 싸지 않은가? 수도권의 역세권 땅이 평당 57만 원이라니. 하지만 이런 땅은 조심해야 한다. 싸다고 다 좋은 것이 아니다. 싼 것이 비지떡이란 속담이 있지 않은가? 개발이 되는 것이 확실한 땅이 57만 원? 한번쯤 의심해볼만 하다.

무조건 의심할 것은 아니지만 개발지의 땅이 이렇게 쌀 때에는 두 가지가 있을 수 있다. 하나는 리스크가 있는 땅일 가능성이 크다. 혹은 아직 개발의 소식만 있고 정확한 시기나 금액 조사가 이뤄지지 않은 상태인 것이다.

둘 다 문제이다. 왜냐하면 첫 번째, 리스크 땅은 개발이 힘든 것이 대부분이어서 세금만 내는 무용지물의 땅이거나 두 번째, 아직 개발에 대한 고시가 제대로 나오지 않은 상태라면 많은 시간이 걸리며 그 땅 위치가 개발된다는 것이 불분명하기 때문이다.

이런 문자들을 보면 사기라고 생각할 수도 있고 기회라고 생각될 수도 있으니 이를 잘 구분할 줄 아는 눈이 있어야 할 것이다. 또 이런 생각이 들기도 한다. 그렇게 좋은 정보를 왜 네가 하지 않고 나한테 알려주냐? 내가 알 땐 이미 늦은 것이지만 모르고 개발이 되지 않는 땅을 산 사람들도 많다. 아무런 지식도 없었고 어떤 정보를 믿어야 할지 잘 모르기 때문에 혹, 하고 사게 되는 것이다. 미래를 바꾸고 싶었기 때문에 그러나 아직 땅 투자는 대중적인 재테크가 아니며 일반적인 건물 아파트를 사는 것과는 달리 조금 더 공부가 필요하다. 그래서 문턱이 높다고 할 수 있다.

막연한 불안감과 선입견으로 다 놓치기보다 공부를 하고 진실을 확인한 후에 투자를 할 타이밍을 생각해봐도 늦지 않는다. 중요한 것은 위에서 이야기했던 57만 원의 가격이라도 좋은 투자처일 수도 있다. 타이밍의 시점을 잘 파악하고 관보나 고시를 안다면 구별해서 투자를 할 수 있을 것이다.

다른 선입견도 있다. 다 끈이 있고 연줄이 있는 사람에게 정보가 가는 것이지 않을까, 하는 말이다. 이 또한 부정적인 시선을 가진 사람의 이야기다. 역세권 땅은 땅이 주인을 고른다, 라는 말이 있다. 돈이 있어도 부정적인 사람이면 투자를 놓치게 되고 긍정적인 사람이지만 돈이 없다면 돈이 없어서 놓치게 된다. 이런 와중에도 정말 투자를 위해 대출까지 받아서 하는 강한 마인드의 사람도 있다. 과거에는 일반사람들에게 알려지지 않은 정보들이 많았기 때문에 뉴스나 기사를 보는 것이 다였고 또한 도시개발을 발표를 구체적으로 한다면 땅값이 크게 올라서 일반인들은 전혀 투자를 할 수도 없었다. 그러나 지금은 투명한 정보가 개방되어서 공개되는 정보들은 인터넷으로 찾아볼 수 있으며 우리나라는 인터넷으로는 세계 최강의 나라이다.

어떤 투자든지 정보가 핵심이다. 오피스텔을 투자하더라도 근처에 기업이 들어오거나 수요와 공급이 마땅한지를 알아보고 그 기업이 들어오는 것은 확실한지 확인해야 하고 교통은 편리한지 등도 따져봐야 할 것이다. 땅은 오피스텔이나 아파트와는 달리 더욱더 많은 정보를 필요로 한다. 아파트나 오피스텔은 이미 어느 정도 도시가 만들어지는 중간의 과정에서 만들어지지만 땅에 대한 투자는 아무것도 없는 상태에서 투자를 해야 하기 때문에 그림을 그릴 줄 알고 정보를 알아야 한다.

내가 다시 보게 된 역세권의 진실

헬조선에서 노예가 아닌 부자가 되기 위해서 나는 역세권 토지에 투자한다. 미래에 개발이 되는 땅인지 궁금할 것이다. 토지 투자 중에서 가장 수익률이 높은 땅은 역세권 토지라고 이야기를 했다. SOC 사업의 하나인 철도는 철도망 구축계획을 통해서 어느 지역으로 철도가 지나가는지 미리 알 수가 있는데, 대부분의 정보는 지역 도시계획에서 미리 앞서서 발표를 한다.

확실한 시점이 필요하다면, 논과 밭 위에 철도가 개발되는 사례이다. 이 사례는 국가에서 철도를 만들 때 적은 금액으로 개발을 하는데 이 부분을 만난다면 적극적인 투자에 나설 필요가 있다. 이런 곳에 앞서 이야기한 고시와 관보를 통해서 최대한 투자방향을 잡고 자금을 마련해서 투자처를 알아본다면 좋은 투자가 될 수 있을 것이라고 확신한다.

땅값은 사람이 얼마나 많이 밟고 지나다니는지에 따라 좌지우지된다. 신설 역을 중심으로 용적률을 높게 해준다. 부자들은 부동산을 많이 소유 하고 있다. 적어도 우리나라에선 부동산에 대한 불패신화이다. 안전한 자산인 실물 자산에 투자를 하는 것이고 우리나라의 특이한 사항에 따라서 수출을 통해서 나라가 발전하는데 내수시장만으로는 나라가 발전하는데 한계가 있다. 대기업들이 수출을 통해서 국가를 먹여 살리는데 투자대상을 찾기 힘든 상황에서 부동산으로 몰릴 수밖에 없다.

최근 전철역이 들어간 서울의 삼전동을 알고 있는가? 삼전동에 역이 하나 들어오고 나서 역 주변의 건물들은 용도 변경이 되어서 높은 용적률을 받고서 건물들을 새로 올리고 있다. 역을 중심으로 먹자골목이 형성이 되어 곱창집, 대창집 등의 수많은 맛집들이 들어섰는데 많은 사람이 그곳을 지나고 퇴근하고 집으로 가는 길에 소주 한 잔을 하고 들어갈 수 있는 위치에 있다.

삼전역 3번 출구 앞의 파리바게트는 어떠할까? 집에 가는 길에 자녀의 생일이라든지 가족의 축복할 날을 위해 케이크를 사가는 사람이 많이 붐빈다. 파리바게트 뿐만이 아닌 역 주위를 둘러보면 작은 층수의 건물들과 높은 층의 건물들이 제각각 존재한다. 역이 생기고 얼마 되지 않아서 이제 막 용적률로 인해서 건물들을 올리고 있기 때문이다. 역이 만들어지기 전에 그 땅을 소유하고 있던 사람들은 앉아서 돈을 번 것이다.

몰랐었다. 항상 타고 다니고 편하게만 생각했던 역세권의 가치를 그리고 그 역세권의 땅을 가진 사람들이 진정한 부자라는 것을 말이다. 이제는 역세권이 좋다는 것만 아는 것이 아니라 어떻게 역세권이 부자들의 땅이고 어떻게 부가 만들어지는지 관심을 가질 때이다. 대한민국에서 진짜 부자가 되려면 부동산이 답이다. 그것도 역세권을 중심으로 개발되는 땅이 부자를 만들어주는 동아줄인 것이다. 이것이 트렌드이고 우리나라뿐만 아니라 세계적으로도 역을 기준으로 개발이 되고 있다. 역 앞의 마트나 백화점이 들어서며 다른 환승을 할 수 있는 교통수단이 존재하고 맛집들이 즐비하게 들어선다.

최고의 희소성에 투자한 부자들!

공급자가 될 것인가? 소비자가 될 것인가?

우리가 자주 이용하는 역세권에 항상 보이는 건 모두가 잘 알고 있는 프랜차이즈들이다. 올리브영이라든지 파리바게트나 버거킹, 스타벅스 등 유명한 S급 프랜차이즈인데 어느 곳에 위치해 있는지 그려보길 바란다. 그 파리바게트 등이 들어서 있는 곳은 사람들이 많이 밟고 지나다니는 곳이며 광고효과가 크고 그곳은 추후에 부동산 가격이 뛰는 상승하는 곳이다.

이 입지를 알고 부동산에 투자를 하는 것이다. 역세권의 상업지구의 용도를 가지고 있는 토지는 희소성이 크기 때문에 건설기업들이 너도 나도 건물을 짓고 싶어 하는 입지이다.

무엇이든 남들이 다 가질 수 있는 것은 가치가 대중화 되어 있어서 가격이 저렴하다. 그리고 토지에는 여러 계급이 존재하는데 그중 최고의 입지는 중심상업지구이며 그 다음으론 상업지구인데 상업지구만 돼도 엄청난 가격을 자랑해서 땅에 계급이 존재한다고 했듯이 상업지구 정도 된다면 귀족이라고 부를 만하다. 중심 상업 지구는 왕족이다. 우리는 나이에 따라서 노예였어도 왕족이거나 귀족이거나 계급의 이동이 가능하다. 어떻게 올라갈 수 있을까? 우리는 흙수저란 말을 많이 쓰고 금수저의 삶은 우리와 멀다고 생각한다. 농지가 노예라고 친다면 노예에서 귀족까지 될 수 있는 땅 그런 땅이거나 준주거지가 될 수 있는 그런 땅에 투자를 한다면 계급이 상승할 수 있다.

상업 지구 내에서 맥도날드 같은 프랜차이즈 사업을 하려면 많은 돈이 있어야 한다. 그럼에도 불구하고 이렇게 투자하여 자영업을 하는 이유는 입지가 가지는 가치에 따라서 입증된 서비스로 인하여 많은 유동인구가 그 프랜차이즈들을 이용하기 때문이다. 역세권의 입지의 자영업자들은 입지의 희소성에 의해서 그 가치가 계속해서 올라가고 그 역세권을 중심으로 또 다시 재생이 된다.

최고의 희소성에 투자한 부자들은 역세권 입지의 가격이 얼마나 오르는지 알고 있으며 역이 들어설 곳을 찾고 그곳에 투자한다. 원자재인 농지의 토지에 투자해서 공급자가 되어서 그 부를 계속해서 이어간다. 땅의 입지가 좋아서 땅의 가치는 계속해서 올라가고 거기에 건물을 지어서 땅의 가치를 높이고 빌딩안의 상가 자영업자들에게 임대수익까지 얻는 것이다. 저평가가 되어있는 그곳의 땅을 매입하여 최대의 수익을 얻는 법이다. 이렇게 부자들은 부를 지킬 줄 알며 더 큰 부를 만드는 법을 알고 그 원자재인 토지에 투자한다. 일반인들은 이런 원자재가 중요하다는 걸 인지하지 못하고 최종 분양이 된 거품이 잔뜩 낀 건물의 아파트를 얻기 위해 인생을 살고 있다.

부자들은 왜 부동산에서 부를 만들까? 부를 이룬 것이 부동산이었기 때문이고 많은 사람들이 부동산을 가지고 싶어 하기 때문에 많은 사람들이 필요로 하는 걸 소유하고 있고 지킨다. 부자들도 처음부터 부동산만 하는 사람은 없을 것이다. 다들 이런저런 재테크를 해보고 자신과 맞는 재테크 수단을 찾고 그 중에서 부동산을 가져간 것이다. 부동산은 실물자산이고 많은 방법으로 사용이 가능하다. 결국에 부자들은 사람이 답이라는 것을 알고 있다.

부자들은 사람의 흐름을 읽고 그것이 곧 돈의 흐름이라고 생각한다. 돈의 흐름이 생길 곳 그곳에 미리 미래가치를 보고서 투자하는 것이다. 부자와 일반인의 차이는 관점의 차이가 가장 크다. 농업 진흥구역이라 하더라도 특별한 케이스에 따라서 개발이 되고 개발이 되는 땅은 일반 농지와 비교했을 때 당연히 비싼 것이다. 서울이나 경기도 가까이에 있는 땅이 도심에서 멀지않은 그런 땅이 싸다면 의심해보고 넘어가야 한다. 부자들은 막연한 시점에 투자하지 않는다. 개발이 된다고 입으로만 떠드는 그런 때에는 투자를 하는 것이 아니다. 확실히 기사화 되고 서류화 된 시점에서 투자하면 부자처럼 부자가 될 수가 있다.

흔히 기획부동산에서 파는 땅들은 개발이 언제 될지도 모르는 미지수의 땅이다. 50년, 100년이 되어도 개발이 될지 안 될지 모르는 땅들이 대부분이다. 토지를 통해서 빠른 부를 축적하고 싶다면 개발의 주최자를 꼭 확인하고 투자하는 습관과 투자시점을 생각해 보길 바란다.

최고의 희소성에 투자한 사람들은 정확한 정보와 막연한 땅에 투자하지 않음으로서 부를 더욱더 늘리고 있다. 우리도 부자들처럼 부자가 되려면 정확한 정보를 통해 투자를 하려는 땅에 대한 개발 정보를 확인하고 정말 중요한 정보들은 일반인들이 알기 힘든 정보를 제공할 수 있는 회사들이나 전문가들에게 자문을 통해서 부자가 되거나 많은 공부를 하고서 안목을 늘려서 기획부동산에 당하지 않는 투자가 되어야 한다. 기획부동산이 파는 땅은 어떤 특징이 있는지, 어떤 땅은 사면 안 되는지에 대해서 공부를 하고 투자한다면 손해보고 사는 일이 없도록 해야 한다.

부자를 만들어주는 토지에는 대한민국의 많은 토지들이 있겠지만, 그 중에서도 최고의 시세차익이나 부자를 만들어줄 수 있는 역세권 토지에 부자들이 많이 투자하는데 부자들은 단순히 가지고 있던 땅이 개발권 안에 들어서면서 보상을 받아서 큰 부자가 되거나 그렇지 않다면 전문가의 도움을 받아서 투자하여 개발이 되는 토지에 투자하여 더욱더 큰 부자가 되는 것이다. 토지에 대한 희소성을 기반으로 미래가치의 입지에 투자를 한다.

인간이 만들 수 없는 그 희소성에 투자해라

최고의 희소성 토지는 사라지지 않는다. 그리고 한 평마다 부동산은 좌우로 늘어날 수 없고 그 위치는 유일한 희소성을 가지고 있기 때문에 희소성을 가지는 그 원자재 토지에 대해서 가치를 높게 보는 것이고 그 희소성 중에서도 개발이 되는 그런 땅을 알아야 한다. 이런 고민을 하는 사람들도 있다. 택지개발이 되는 땅은 보통 임야인데, 여긴 산이기 때문에 높이가 있어서 땅이 평탄하게 되어 버리면 면적이 줄어드는 것은 아닌지 하는 걱정을 하기도 하는데 땅은 그 밑의 정보대로 있기 때문에 걱정할 것은 없다.

극단적인 예를 들자면 북한과 전쟁을 통해서 미사일이 날라 와서 아파트나 건물이 무너져도 토지의 가치는 그대로이다. 건물은 시간이 지날수록 노후화 되어 가면 재건축을 하지만 땅은 그럴 필요가 없다. 그냥 그대로 가치를 가져가며 땅의 가지는 가치는 계속 해서 오를 뿐이다. 재건축을 위해서는 최소 40년이란 시간이 걸린다. 그 이후 건축이 되기까지 +a로 들어간다. 왜 40년이라는 시간이 지나야 하는가? 그것은 건물에 들어가는 뼈대인 콘크리트는 100년 정도 수명이 되지만 내부안의 전기배선의 문제와 배관 때문이다.

건물은 사람이 인위적으로 만든 창조물이지만 원자재인 토지는 인간이 만들어낼 수 없는 그 희소성 때문에 가치가 높고 그 희소성 중에서도 용적률이 높아서 가장 높이 건물을 지을 수 있는 토지가 최고의 가치를 가진다. 건물을 올릴 수 있는 땅, 역세권 섹터 안의 땅을 소유하고 있다면 그 땅이 적더라도 그 가치가 크다는 것을 도시 위에 새롭게 만들어지는 판교역, 광명역, 동탄역, 병점역의 예를 통해서 들었었다.

신도시가 만들어지는 이유는 대기업이나 산업단지 때문이고 그런 산업단지가 만들어짐으로써 많은 인구가 산업단지에서 일을 하여 일자리 창출이 되고 산업단지의 사람들과 가족들을 위해서 교통의 개선시키기고 철도 등의 개발로 인하여 입지가 의미 없던 밭이나 논이었더라도 국가에서 신도시 개발을 위해 만들어 주며 내가 소유한 토지의 입지가 그 신도시 그것도 역세권에 인접한 입지에 있다면 용도 변경이 됨으로서 엄청난 부를 만들 수 있다. 우리는 그런 입지에 미리 투자를 해야 더 큰 부자가 될 수 있으며, 큰 부자가 되기 위해선 리스크를 감수해서 전문가의 도움으로 부자가 되거나 조금은 떨어진 초역세권은 아니더라도 농지가 주거지역으로 될 수 있는 그런 곳을 투자한다면 아파트 한 채뿐만이 아닌 당신의 미래도 확고히 만들어갈 수 있다.

최고의 희소성에 투자한 부자들은 리스크를 감수하며 리스크를 정보를 통해서 필터링을 하고 가장 저평가되어 있는 시점에 들어가서 최고의 가치가 되는 시점에서 수익을 얻고 계속해서 가치를 높여간다. 우리의 일반 서민들은 리스크 없는 투자를 하고 싶기에 아파트나 건물에 투자 하지만 그 이윤이 높을 수 없는 것은 리스크가 없는 누구나 볼 수 있는 형태로 이미 건물이 만들어져 있는 가치이기 때문이다. 모두 다 가치를 아는 시점에 투자는 당신을 부자로 만들어줄 수 없다.

부자들은 이처럼 리스크가 있는 것에 투자를 하여 최대의 수익이 날 수 있는 것의 매력을 느끼며 부자가 아니었더라도 부자를 따라서 이런 리스크를 알고 투자를 한다면 새로운 부자가 될 수 있다. 여러 리스크가 존재하고 그 리스크를 알고 투자하기만 한다면 가능하다.

토지에 대한 지식이 아무것도 없는 투자는 부자가 되고 싶었던 당신의 가족과 인생이 나락으로 떨어질 수가 있다.

헬조선에서 진짜 부자 되는 법

사업가가 될 것인가? 투자가가 될 것인가?

정년퇴직을 하거나 노후를 위해서 수익형 부동산에 투자하는 사람들이 늘어나고 있다. 연금으로는 자녀들에게 부담을 줄 수 있고 그렇지 않다면 힘든 노후가 기다리기 때문이다. 제2의 월급인 수익형 부동산에 관심을 가져서 연금과 수익형 부동산으로 미래를 그리는 사람들이 많다 보니 오피스텔이 인기를 끌었다. 그러나 지금은 또 새로운 트렌드가 붐이 되고 있다.

모든 재테크는 수요와 공급에 따라서 이뤄지는 것은 다들 들어봤을 것이다. 지금은 아파트로 월세를 많이 내주어 수익형 부동산으로 자산을 운영하는 사람들이 늘어나다 보니 같은 가격이라면 아파트를 찾는 사람이 늘어나고 있다. 수년간 오피스텔 중심으로 분양가와 매매가가 올라가고 낮은 평수였는데 공급이 많아지면서 월세 수입은 경쟁이 되어서 더 낮아지기 때문에 투자금 대비 수익이 얼마 남지 않고 있는 현상이다. 매매 가격도 하락하여 역세권에 오피스텔을 나만 가지고 있다면 좋겠지만 계속해서 양옆으로 위 아래로 오피스텔이 늘어나고 경쟁이 늘어나면서 월세와 매매 가격까지 내려가게 된다. 투자한 금액도 만만치 않으니 헐값에 내놓기도 쉽지 않은 상황이여서 타이밍을 자칫하다가 놓치게 된다. 이런 현상에 소형 아파트가 뜨고 있는 현실이다. 임대 수익과 시세차익을 얻기에 더욱더 안전한 소형 아파트의 인식이 좋아짐에 따라서 거래량이 늘고 있는 것이다.

토지로도 누릴 수 있는 수익형 부동산이 있다. 우리들은 수익형 부동산하면 오피스텔과 상가를 생각한다. 그리고 그런 오피스텔과 상가는 모두 토지 위에 지어지고 입지가 좋은 상가와 오피스텔이 안전한 월세와 매매 가격을 자랑한다. 토지로 수익형 부동산이 어떤 것일까? 땅테크로 벌어다 주는 엄청난 월세가 가능하다. 역세권 앞의 상가 건물들을 본적이 있을 것이다. 보통 다들 높은 빌딩의 건물들이 자리를 하고 있고 사람들이 북적북적 되며 만남의 장소로 이용하고 있다.

이런 입지의 역세권이 형성되기 전에 토지를 가지고 있다면 그 입지의 토지를 가지고만 있어도 옆의 빌딩이 오른 토지의 가격으로 인해서 양옆의 빌딩이 있다면 당신의 토지는 키 높이 효과로 같은 가치를 가지는데 이 토지에 빌딩을 세운다면 높은 용적률로 높은 건물의 한층한층 상가를 내주거나 사무실을 내주고 월세를 받는다면 상가로 예를 들어 300만~400만 원만 받아도 이런 층이 한층 뿐만 아닌 여러 층을 당신의 소유로 하고 있다면 당신은 이미 여유로운 노후를 살지 않겠는가?

토지로 부자가 되어 본 사람들은 더 큰 토지의 입지를 알아보고 땅에 큰 가치를 느낀다. 땅테크로 부자가 된 사람들은 미래에도 부자가 된다. 땅이라는 희소성의 가치에 산업단지와 교통이 함께 하는 곳으로 재투자하며 미래를 그려나가며 증여에 대한 부분까지 생각하고 돈을 더 아끼려 한다. 철도 계획을 기본으로 땅위에 건물을 올리거나 아니면 땅을 팔아서 종잣돈을 만들어서 더 큰 평수를 산다.

부자가 되어본 사람은 사업에 실패를 하던 투자에 실패를 하던 실패에서 경험을 배우고 다시는 같은 실수를 하지 않으려 한다. 가장 빠르게 돈이 되는 토지는 무엇보다도 역세권 토지로 확실한 정보와 안정성 그리고 크게 오르는 역세권에 있는 땅으로 하는 재테크가 답이다!

가난한 사람들과 부자의 다른 한 가지를 말한다면, 부자는 나에게 들어오는 파이프라인을 만들어서 내가 일하지 않아도 돈이 들어오는 내 자산을 투자해서 돈이 들어오게끔 만들어놓는다는 점에서 있다.

어떤 마을에 사람들이 물이 부족해서 물을 길러 와서 물을 마을에 파는 A와 B가 있다. 매일매일 물을 길러서 물을 파는 일을 했는데 어느 날 B가 물을 마을 주민들에게 팔지 않고 무언가를 고민하고 만들기 시작했다. 물을 호수로부터 끌어올 수 있는 파이프를 만들어 물을 공급하게 한 것이다. 이렇게 함으로 인해서 그 물을 이용하는 사람들은 더 적게 편하게 물을 이용하게 됨으로써 A의 일자리는 없어지게 되었다. 여기서 생각해 볼 수 있는 점은 노동만으로 살아가는 우리의 현재 모습과 같지 않은가? 매일매일 같은 일을 하면서 어떠한 파이프라인도 만들지 않고 살아갈 뿐이다.

부모님의 재테크 방식을 버려라

헬조선이란 말이 언제부터 나왔는지 정확히는 모르겠지만 이 말 안에는 많은 청년들이 모든 걸 포기해버리는 현실이 들어 있다. 청년이 아니어도 나이들은 우리의 아버지나 어머니들 또한 어떤 것도 새롭게 시도하기를 꺼려한다. 나이가 들고 결혼을 하고 아이를 낳고 아이가 커서 결혼을 하고 반복되는 돈의 필요에 의해서 목돈이 들어가기 때문에 그 돈을 써야 한다는 생각에 두려움이 많다.

거기에 어떻게 재테크를 해야 하는지 조차도 모른다. 우리의 부모님들은 은행에 이자만으로도 충분한 집을 마련하고 부를 축적할 수 있었기 때문에 재테크에 대한 공부가 필요 없었다. 어떤 직장이든 열심히 하면 내 자식들 먹여 살리는데 문제가 없었기 때문이다.

그 때의 방법대로 은행에 이자만으로 인생을 살아갈 수 없는 현실이다. 직장 또한 만족이 되지 않는 것이 대부분이다. 부모님이 보내주신 대학 혹은 당신 스스로 학비를 내고 다닌 대학이든 높은 교육수준으로 졸업을 했지만, 들어간 학비에 비해서 월급은 터무니없이 적은 현실에 다른 스펙들을 높이기 위해 해외도 다녀오고 자격증도 많이 따고 경쟁이 치열해지는 대한민국에서 어떻게 미래를 준비해야 할까?

많은 돈이 필요하다. 연애도 해야 하고 결혼도 해야 하고 애를 낳게 되면 들어가는 천문학적인 금액들을 생각해봐라. 일반적인 회사원 월급으로 어떻게 살아야 할지 막막한 앞날이 정해져 있다. 그저 사회의 노예의 한 위치로서 매일 집값과 애들을 키우기 위해서 하루하루 눈치를 보며 사는 삶이 대부분이다.

헬조선에서 부자가 되는 법은 요즘은 다양하다. 젊어도 1인 미디어 시대로 인터넷 방송을 통해 공감대를 형성하고 컨텐츠를 제공하면서 부를 이루거나 젊은 사업가들이 인터넷으로 부자가 되는 일도 많다. 다른 부자가 되는 방법으로는 투자가로 부자가 되는 길이다. 인터넷 방송의 많은 컨텐츠들을 통해 관심만 있다면 배울 수 있는 것들이 정말 다양하고 투자에 대한 많은 전문가들의 방송도 있다. 재테크에 대해 관심을 가지고 투자를 통해서 부자가 되는 방법을 선택할 것인지 부자가 되고 싶다면 한번쯤 생각해보길 바란다.

나는 사업에 대해서는 두려움이 많았다. 그래서 다른 부자가 되는 방법으로 투자가로서 미래를 준비하기로 한 것이다. 책을 쓰는 것도 어떻게 보면 1인 미디어 시대에서 인세를 받으며 파이프라인을 만드는 일 중에 하나라고 할 수 있다. 더욱더 많은 파이프라인을 만들 수 있는 일이 있다면 적극적으로 관심을 가지며 공부를 해야 한다고 생각한다. 내가 일하지 않아도 잠을 자는 시간에도 돈을 벌어다줄 수 있는 것이 어떤 것이 있을까? 수익형 부동산을 통한 수입 또한 부자로 만들어줄 수 있으며 안정적인 삶으로 들어가는 기회일 수 있다.

아직 헬조선에는 기회가 남아 있고 선택의 문제일 뿐이다. 내가 무엇을 할 수 있는지 어떤 재테크를 할 수 있는지 아니면 어떤 사업을 할 수 있을지 남들과 같이 현실을 즐기며 산다면 부자가 될 수 없다. 헬조선에서 부자가 되고 싶은가? AI가 다가오는 현실에선 더욱더 헬조선이 될 것이다. 노예로 살지 않기 위해서 당신은 어떤 행동을 할 수 있는가? 자신을 되돌아보고 부자가 되고 싶다면 부자들이 투자비법의 노하우나 세미나를 통해서 재테크 공부를 통해서 부자가 아니어도 걱정 없는 노후를 위한 준비를 하길 바란다. 사업가 혹은 투자가로서 당신이 할 수 있는 일을 하나씩 해나가길 바란다.

결국엔 땅테크가 답이다!

인간은 땅이 없이는 살 수 없다

인간은 다른 동물들과 달리 추위를 이겨낼 털이 없어서 집이 필요하고 날카로운 동물의 이빨이나 손톱처럼 무기가 없어서 인간은 혼자 살 수 없고 모여서 살고 서로 협력하여 살아가는 사회적 생물이다. 두뇌를 써서 살아야만 한다. 땅 위에 집을 짓고 땅 위에 곡식과 과일을 심어 생계를 유지했었다. 우리는 각자 원하는 삶의 방식이 있고 그 방식대로 살기 위해 타인과 어울리며 살고 있다.

인간이 생활을 영위하기 위해서는 돈이 필요하고 돈을 벌기 위해 일자리가 필요하다. 일자리가 모이고 활기가 넘쳐서 사람이 많이 모이는 곳은 언제나 좋은 입지를 가져간다. 예전부터 어느 나라든 어느 장소든 사람들이 모이는 곳으로 상권이 발달하고 교통이 발달했다.

입지가 좋은 곳이란 많은 사람들이 모이는 곳이다. 사람들이 많이 밟고 지나가고 찾는 곳에 편리한 인프라가 만들어진다. 그렇게 인프라가 만들어지는 이유는 사람은 먹고 살기 위해 돈이 필요하기 때문이다. 그 돈을 벌기 위해 좋은 일자리로 출근을 하고 그러면 그 일자리까지 편리하게 출근할 수 있는 곳의 집들이 비싸지고 그 일자리를 중심으로 교통이 발전하는 것이다.

우리나라에서 인구 절반이 사는 수도권에 많은 직장이 있기 때문에 그곳을 중심으로 많은 정부기관들과 회사가 집중되어 있고 서울을 중심으로 사람들은 출퇴근을 하고 있다. 그러나 서울은 좁은 땅에 많은 사람이 차를 끌고 출퇴근하기에는 차가 너무 많아져 버린 요즘은 도로보다 차가 더 많으며 협소한 주차장의 장소들로 서울에 차를 가지고 출퇴근을 한다는 것은 조금 버거운 일이다.

다들 집에 차는 한 대씩은 있는 것이 기본이지만, 서울의 평균 집값이 8억, 9억을 하는 현 시대에 서울에 집을 가지고 있는 사람을 서민이라고 부를 수는 없다. 그래서 다른 신도시들로 서민들의 집을 마련하여 생활할 수 있는 도시를 만들어주고 있다.

보통 출퇴근을 차로 하는 사람은 직업의 특성이 차를 이용하는 사람이 아닌 이상 일반 서민들은 지하철을 이용해서 서울로 출퇴근을 하고 있는

데 지하철을 이용해서 출퇴근을 하는 것은 직장의 출근 시간을 맞추는데 있어서 오차가 많이 없기 때문이고 도로를 이용해서 출근을 하는 것보다 거리의 제약에 고속이나 급행의 철도 라인이 만들어짐으로 하여 서울과 거리적 제약을 해결해 나가고 있으며, 철도를 통해 많은 수의 인구를 짧은 시간에 이동시킬 수 있기 때문에 이점이 많다.

서민들은 서울로 출퇴근을 하면서 도로를 이용하는 사람들도 많지만, 그보다 더 많은 인구가 철도를 통해서 출퇴근을 하고 있으며, 역세권을 중심으로 도시가 개발이 되고 있다. 지금의 역세권의 상권을 보면 이마트 혹은 백화점과 문화생활을 할 수 있는 시설들까지 역세권을 중심으로 도시가 개발되고 역세권에서 많은 사람이 머물며 생활을 하고 만남의 장소로 이용되고 있기 때문에 전 세계적으로 역세권을 중심으로 도시가 개발되고 있다.

누구나 역세권의 상가 건물이나 상가들은 비쌀 것이라는 생각은 있지만, 실제로 어느 정도까지 하는지 전혀 알지 못하는 경우가 대부분이며, 그 가치가 어떻게 상승하고 계속 상승한다는 것도 모르고 있다. 역세권을 중심으로 노후화된 도시는 재생이 일어나며, 그 가치는 다시 더욱더 올라가게 된다. 이렇게 모든 도시의 중심은 사람을 중심으로 역세권으로 향하고 있다.

사람은 일을 하며 돈을 벌어서 생계를 유지해야 하는데 당신의 땅 근처에 큰 대기업이 들어온다면 그 땅들을 많은 사람이 밟고 지나다니며 당신은 엄청난 부를 얻을 수 있을 것이다.

일자리가 있는 곳이 부의 도시이며, 그곳에 돈이 모인다

결국엔 산업단지가 들어서는 곳엔 많은 고용효과가 일어나기 때문에 도시를 발전시킨다. 산업단지로 출퇴근 하는 사람들의 거주지인 아파트나 빌라가 들어서고, 마트나 백화점 혹은 상가도 생긴다. 교육과 의료, 문화생활을 위한 인프라까지 만들어진다.

대기업이 들어서는 도시들은 엄청난 부를 일으키며 도시의 인구 자체도 큰 성장을 하고 도시가 크게 발전된다. 대기업과 산업단지를 중심으로 중소기업들도 대기업과의 협력을 더 편히 하기 위해 이동해오며 더 많은 일자리를 창출해주고 있다. 국가의 경제성장을 인양하는 경제적 산업단지가 들어서면 교통이 편해져야 하기 때문에 도로와 철도를 만들고 발전을 시킨다. 국가의 전체적인 발전을 위한 큰 계획아래서 만들어지고 있다고 보면 될 것이다.

위에서 언급한대로 산업단지(일자리)가 제일 중요하며, 그 다음은 교통이다. 고속도로나 큰 대로변의 도로가 내 땅 옆에 나도 큰 수익이 되겠지만, 세계적 추세가 도로에서 철도망쪽으로 교통의 흐름이 넘어오는 추세다. 교통 역세권을 중심으로 신도시가 만들어짐으로 인해서 지방의 소도시들이 큰 도시로 부상하게 되기 때문에 모든 도시의 중심은 역세권의 섹터 안에 내 땅이 있다고 한다면 당신은 큰 부를 가지게 될 수 있다.

많은 수익을 올리기 위한 투자를 하는 것이 궁극의 목표가 아니던가? 그렇다면 트렌드의 흐름을 알고 이것이 당신의 부자를 만들어 주는 것인지 알아볼 필요는 있다. 도시는 역세권을 중심으로 개발이 된다고 하였고 모든 인프라와 편리한 것들이 다 역세권에 집중되어 있는데 모두 사람을 중심으로 많이 붐비는 장소가 발전되는 것은 당연하다.

올해 2020년, 50조 원의 보상금이 풀린다고 한다. 국가에서 개발이 미진한 부분들을 개발하여 전국을 반나절 생활권으로 만들기 위해서 전국의 주요 요점들을 연결하는 철도들이 만들어 지고 있다. 국가개발 계획들이 2030 국토종합계획에 들어가 있으며 어떤 개발방향으로 진행되는지 알 수가 있다. 농지위에 만들어 지는 신도시들에서 미래를 꿈꿔보길 바란다.

서해를 중심으로 중국과 아시아를 대상으로 산업이 이동하고 일어나고 있으며 산업과 함께 교통의 개발이 일어나고 국가경제가 발전되고 있다. 토지 중에서는 역세권이 최고의 수익률과 가치를 자랑한다. 이런 신설 역세권의 개발이 진행되고 있는 곳에 투자를 한다면, 산업단지가 형성이 되는 곳에 교통이 발달하는 곳에 투자를 하는 것이 토지 투자의 최고의 투자이다. 일자리가 늘어나서 도시를 부양시키고 그곳에 철도가 만들어지는 곳이 토지 투자 중에 최고의 입지의 자리라고 보면 된다.

재테크엔 여러 종류가 있고 한국에서 부를 이룬 사람들의 많은 비중 80프로가 부동산을 통해서 부자가 되었다. 한국의 수출주도형의 특성상 부동산이 부자가 되기에 가장 좋은 재테크라고 생각한다. 더 깊게 들어가면 부동산 중에서도 원재료인 토지가 없으면 아무것도 할 수가 없다.

모든 건물은 토지 위에 세워지며 부동산 값의 70~80%는 토지 값이 대부분이다. 나도 토지에 대해서 모를 때에는 건물을 모으고 있었다. 아파트 하나, 빌라 하나 이렇게 모아서 임대수익을 생각하며 부자가 될 꿈을 꾸었다. 이 방법이 틀렸다는 것이 아니다. 부자가 되는 길에는 여러 길이 있다. 그리고 나는 더 큰 더 빨리 부자가 되어야 한다고 생각을 해서 공부하는 와중에 다른 길을 찾은 것이다.

서커스의 코끼리를 사육하는 방법이 있다. 코끼리의 발에 쇠사슬을 묶어 도망을 못 가게 하는데 코끼리는 이 사슬에서 빠져나오려고 시도하지만 어린 코끼리는 아직 쇠사슬을 끊고 도망갈 수 있을 만큼 힘이 세지 못하다. 어른 코끼리가 되어서 쇠사슬을 풀고 코로 차도 넘어뜨릴 수 있을

토지 투자, 원 포인트 레슨! ⑬

관보와 고시를 확인하고 투자 주체를 확인하라

무작정 투자하던 투자시대는 끝이 났다. 국가에서 개발을 하는 국가사업에는 시기마다 얼마의 예산이 들어가며 어느 정도 시점까지 완성이 되는지 계획이 다 있다. 이런 부분들을 우리 일반인들도 확인할 수가 있기 때문에 투자 타이밍을 정할 때 참고하여 투자시기를 정하길 바란다.

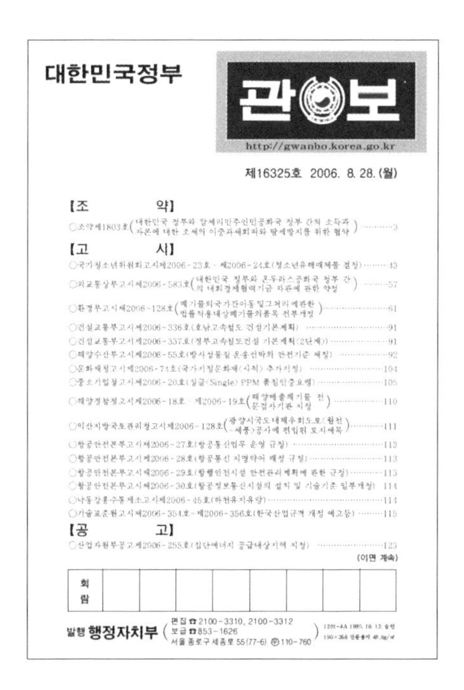

대한민국정부

관보

http://gwanbo.korea.go.kr

제16325호 2006. 8. 28.(월)

【조 약】

○조약제1803호(대한민국 정부와 알제리민주인민공화국 정부 간의 소득과 자본에 대한 조세의 이중과세회피와 탈세방지를 위한 협약) ……3

【고 시】

○국가청소년위원회고시제2006-23호·제2006-24호(청소년유해매체물 결정) ……43
○외교통상부고시제2006-583호(대한민국 정부와 온두라스공화국 정부 간의 대외경제협력기금 차관에 관한 약정) ……57
○환경부고시제2006-128호(폐기물의국가간이동및그처리에관한 법률적용대상폐기물의품목 전부개정) ……61
○건설교통부고시제2006-336호(호남고속철도 건설기본계획) ……91
○건설교통부고시제2006-337호(경부고속철도건설 기본계획(2단계)) ……91
○해양수산부고시제2006-55호(방사성물질 운송선박의 안전기준 제정) ……92
○문화재청고시제2006-74호(국가지정문화재(사적) 추가지정) ……104
○중소기업청고시제2006-20호(싱글(Single) PPM 품질인증요령) ……105
○해양경찰청고시제2006-18호·제2006-19호(해양배출폐기물 전문검사기관 지정) ……110
○익산지방국토관리청고시제2006-128호(광양시국도대체우회도로(월전~세풍)공사에 편입된 토지세목) ……111
○항공안전본부고시제2006-27호(항공통신업무 운영 규정) ……113
○항공안전본부고시제2006-28호(항공통신 지명약어 배정 규정) ……113
○항공안전본부고시제2006-29호(항행안전시설 안전관리계획에 관한 규정) ……113
○항공안전본부고시제2006-30호(항공정보통신시설의 설치 및 기술기준 일부개정) 114
○낙동강홍수통제소고시제2006-45호(하천유지유량) ……114
○기술표준원고시제2006-354호~제2006-356호(한국산업규격 개정 예고등) ……115

【공 고】

○산업자원부공고제2006-255호(집단에너지 공급대상지역 지정) ……123

(이면 계속)

회람								

발행 행정자치부 (편집 ☎2100-3310, 2100-3312 / 보급 ☎853-1626 / 서울 종로구 세종로 55(77-6) ㉾110-760)

만큼 힘이 강하게 되어도 도망가지 않는다. 코끼리는 포기해버린 것이다. 그렇게 교육이 되어버렸기 때문이다. 우리도 이 세상에서 많은 어린 코끼리처럼 쇠사슬을 풀기 위한 생각을 하지 못하고 부자를 꿈꾸지 않는다. 현실에 안주하고 서커스에서 쇼를 하는 코끼리에서 벗어나자.

토지의 가격은 어떤 입지에 있냐에 따라서 그 값이 결정되며 토지는 국외 문제에 있어서 변동이 없고 건물의 가격이 내려가도 토지의 가치가 내려가는 일은 없다. 거기에 특별한 개발이 되는 땅은 몇 배에서 수십 배로 가격이 상승하기 때문에 그런 땅을 찾아서 투자한다면 수십 배의 시세차익으로 인해서 당신을 부자로 만들어줄 수 있다. 주의할 점이라면 막연한 땅을 파는 기획부동산에 당하지 않는 구분할 줄 아는 눈을 키우는 지식이 필요하다.

나는 돈이 없어도 토지에 투자한다

종잣돈만 모으는 게 답이 아니다

어떤 재테크든 종잣돈이 필요하다. 그런데 돈이 없어도 투자한다는 건 무엇일까? 두 가지 의미가 있다. 하나는 투자를 위해서 액션이 필요한데 아무런 지식 없이 그냥 종잣돈만 모으는 것이 답이 아니라는 것이다. 공부를 통해서 내 종잣돈이 더 확실하게 나를 부자로 만들어줄 수 있는 재테크를 알아야 한다. 때문에 종잣돈을 모으는 시간 동안 공부를 하며 투자하는 안목을 키우는 시간이 첫 번째이다.

두 번째는 사실 우리가 가진 자산들을 살펴보면 돈이 되는 것이 있다. 나와는 상관없는 쓸모없는 보험이라든지 수익이 나지 않고 있는 펀드나 주식 아니면 집을 담보로 대출을 일으켜서 투자를 할 수도 있다. 물론 각자마다 사정이 있고 마인드가 각자 달라서 집을 담보로 대출까지 해서 투자를 한다는 마인드를 가지는 것은 힘들 수도 있다. 어느 정도 부자가 되기 위해 절박한가에 따라서 다르다.

나는 부자가 되기 위해서 내 자신을 바꿔야 한다고 생각했고 내가 할 수 있는 것들을 바꿔야 한다고 생각했다. 내 꿈은 그냥 직장에서 살다가 좋은 여자를 만나서 결혼하는 그런 인생이 아니었다. 그런 인생이더라도 좋은 여자가 나의 무엇을 보고 결혼을 하겠는가? 결혼은 현실이고 떳떳한 자산이 필요하지만 내가 가진 것은 없었고 그냥 무작정 보험비만 넣고 있었던 한심한 나였다. 그래서 그 보험비들이 정말 나한테 필요할까? 생각을 해보게 됐다.

불안한 미래 때문에 보험을 가입하는데 막상 그 보험이 내 인생을 더 불안하게 하고 있었으며, 해약을 하고 나서는 나에게 돌아오는 자산은 얼마 되지 않았다. 내가 보험을 해약할 당시 나의 부모님은 많은 반대를 하셨고 어디에 쓰려고 보험을 해약하냐는 말씀을 하셨다.

살아오면서 많은 선택을 하는데 그 중에서 난 보험을 해약하고 부자가 되는 길을 선택했다. 보험을 해약하고 나에게 돌아온 내 종잣돈으로 나는 공부를 하고 투자를 선택했다.

다른 누가 본다면 불안한 길로 선택했다고 말할지 모른다. 하지만 부자의 길은 불안한 길을 이겨내야 한다고 생각한다. 남들과 똑같이 살면 일반서민이 될 뿐이지 않겠는가? 난 내가 될 수 있는 최고의 부자가 되기 위해서 나를 바꾸기로 했다. 대학교 학자금과 생활비를 갚아가고 매년 천만 원씩을 모았다고 생각을 했지만 내 수중의 돈은 아파트를 들어가기 위한 돈으론 턱없이 부족하였으며, 차도 없었다.

지금의 나는 6년 전 보험을 해약한 돈으로 투자를 시작한 내 자신을 자랑스럽게 생각한다. 그때의 나대로 살아왔다면 난 아무런 준비도 재테크에 대해 아무것도 모르는 채로 그저 살아지는 대로 살았을 뿐이라고 생각한다. 월급만으로 절대로 부자가 될 수 없다. 현대판 노예가 될 뿐이다. 부자가 되려고 생각하지 않는 사람들은 현실에서 벗어나 안전한 삶을 사는 것이 안전하다고 생각해서 부자가 되려는 선택을 하지 않는다. 일반인이 부자가 되는 길은 쉽지 않다. 남들에게 보이는 이미지는 중요하지 않다. 그들이 당신의 미래를 책임져주지 않는다.

부자가 되기로 선택하라!

부자는 선택이다. 우리들은 부동산이든 주식이든 소유권을 얻어야 그것이 자산이 늘어나는데 소유권을 얻는 것에 대한 책임이 두려운 것이다. 우리가 가지지 못했던 소유권들을 부자들이 소유권을 가짐으로써 월급으로는 만질 수 없는 자산이 늘어나고 더 빠른 부자가 되는 것이다. 리스크 때문에 투자를 엄두조차 내지 않고 누구는 현재를 포기 할 수 없음에 수입이 늘어나면 그 만큼에 맞추어서 소비를 늘려간다. 이렇게 하면 부자가 될 수 없다. 부자들처럼 부자의 습관과 투자 방법을 배워야 하고 실행을 해야 한다.

부자가 되기 위해서는 수입이 줄거나 늘거나 똑같이 7:3의 법칙을 지켜야 한다. 수입의 70%는 저축하고 30%는 지출하는 것이다. 누구나 다 먹고 싶고 하고 싶은 것들이 있다. 그러나 누군가는 자제를 해서 종잣돈을 모으고 아끼며 누군가는 직장인으로 머물면서 아무것도 하지 않는다. 그저 예금과 적금으로 종잣돈을 불리고 오로지 전세에 살면서 분양의 기회로 미래를 꿈꾼다.

투자를 못하는 이유는 투자가 두렵기 때문이다. 사업가나 투자가가 된다면 손해를 보거나 잃을 것이 두려워 부딪혀보지도 않으며, 예금과 적금으로 안정적이기만 하게 살아가고 있다. 이런 안정적인 삶을 원할 수도 있지만 안정정인 삶에서 당신이 부자가 될 수 있겠는가? 한번 생각해보기 바란다. 부자들은 오히려 많은 것들을 가지고 있지만 더 투자를 적극적으로 하며 더 많은 대출을 받아서 투자를 하고 있다.

결정을 하지 않고 월급에 만족하는 삶을 그대로 살고 싶은가? 바로 당장 투자를 하라고 하고 싶다. 다만 아무런 지식이 없는 상태에서 투자를 하는 것은 위험한 일이 될 수 있으며, 자칫 사기꾼들에게 표적이 될 수도 있다. 올바른 투자에 대한 통찰로서 당신이 부자가 되기 위해 만든 피 같은 종잣돈을 제때에 투자하기 바란다.

당신이 만약 지금 종잣돈이 없다면 시간에 투자를 하고 종잣돈이 있다면 부자들의 투자법을 공부하면서 투자를 할 곳을 찾으라는 말을 하고 싶다. 쉽게 이야기한다고 생각할 수도 있다. 사람마다 환경과 많은 조건들 때문에 무언가를 위해서는 많은 리스크가 될 수도 있다. 가정이 있는 경우도 그렇고 나이에 따른 상황도 그렇고 당신이 부자가 되고 싶다면 어제보다 오늘 지출을 줄이고 어제보다 오늘보다 내일 조금 더 자산을 늘려 나가는 돈이 돈을 만드는 투자를 한다면 어제보단 더 부자가 되지 않을까 싶다.

우리는 정보화 시대에 살고 있으며 원하고자 하는 정보들은 많은 정보를 얻을 수 있다. 주위에 투자 기회는 많이 널려있다. 그것을 가져가는 것은 본인의 선택이고 투자 기회를 놓치는 것도 본인이지만 누군가는 그 기회를 잡아 부자가 되고 있고 그것은 소수이다. 부자가 되는 선택을 하는 소수가 되길 바란다. 재테크 세미나를 다니고 재테크 서적을 읽고 뉴스에 관심을 가지며 정보에 귀를 기울여라. 하지만 투자는 냉철하게 하길 바란다.

에필로그

부자는 지금도 투자하고 있다!

부자에 대해 조금 더 빨리 적극적으로 알려줄 수 있는 사람이 있었더라면 시간낭비를 하지 않았을까? 라는 생각을 해본 적이 있지만 준비된 자에게 기회가 찾아온다는 말이 있다. 아무리 안타까운 마음에 부자에 대해 알려주고 싶은 사람이 있더라도 그것을 받아들이는 사람이 준비가 되지 않았다면 그냥 잔소리에 불과하고 흘려 지나가는 말에 불과하다. 현실을 제대로 인지하기란 힘든 법이다. 지금 현재는 회사를 다니고 있고 나중에 퇴직금을 받으면 그걸로 어떻게 해볼까란 생각을 보통 하지만 너무 대책 없는 일이 아닌가?

나는 IT계열의 일이어서 그런지 정년이라고 해야 할 나이가 비교적 빠른 나이에 찾아온다는 걸 알고 있었다. 40대 중반이 넘어가면 다른 길을 찾거나 다른 일을 모색해봐야 한다는 걸 알고 있었다. 선배들의 나이를 보거나 팀장님도 주말마다 중장비를 배우러 다닌다고 말을 했었다. 그때에 난 말하지 않았지만 경매를 배우고 이미 투자를 하고 있던 시점이었지만 부동산 투자에 대해서는 선배의 입장이었다. 이제 AI가 점점 더 발전하여 사람들의 일자리를 빼앗아가고 있는 시대이다. 새로운 직업들이 생겨나고 있으니 미래를 준비해야 한다.

100세 시대라는 말이 이상하게 들리지 않는다. 주변에 보면 90이 넘어서 돌아가시는 분들도 많고 앞으로는 내가 원하지 않아도 평균수명이 높아짐에 따라 어떻게든 100세까지는 살아야 하는 시대가 되었다. 일본만 해도 홀로 경제활동을 할 수 없는 노인들이 연금만으로는 부족한 삶을 어렵게 유지하고 있다. 범죄를 저질러 감옥을 자진해서 들어가는 일도 발생하고 있다. 미래 준비가 되지 않은 사람들의 모습을 여기서 발견하게 된다.

우리는 어떠할지 생각해보길 바란다. 요즘 길거리에 파지를 줍고 다니는 노인들이 많이 보인다. 그들은 원하지 않아도 그런 일을 해야만 생계유지가 되기 때문이다. 직업에 귀천은 없다고 하지만 누구도 나이 들어서 파지를 줍고 싶진 않을 것이다.

당신이 100세까지 살고, 오래 일한다고 쳐서 60세가 아닌 70세까지 일을 할 수 있다고 생각해보면 나머지 30년은 어떨 것 같은가? 당신이 모은 돈으로 편안하게 노후를 보낼 수 있을 것이라 생각하는가? 지금이야 경제활동을 하는 당신이고 월급이 들어오기 때문에 당장 이번 달은 걱정이 없을지도 모르지만 결혼도 하고 자녀를 낳고 자녀를 키우고 많은 돈이 필요한데 아무런 준비 없는 상태로 '미래는 어떻게든 되겠지.'라는 생각이 아니라 금융지식을 키우고 배우는 데 시간을 보내야 한다.

부자를 꿈꾸길 포기하는 삶이 아니길 바란다. 당신도 꿈이 있었을 것이고 풍요로운 삶을 원할 것이다. 다만 그때가 언제이고 그 삶을 위해 무엇을 어떻게 해야 할지 몰랐기 때문이다. 현실이 이러니까 그냥 현실에 머무는 것이다. 부자가 되기엔 많은 시련과 노력이 필요하고 그 부분을 감당하기가 두렵기 때문이지 않는가? 부자가 되고 싶다면 부자가 될 수 있는 기회를 놓치지 말아야 한다. 코로나19의 사태로 전 세계적으로 생명이 위협받고 있고 마스크가 생명과 연결되어 값이 3배, 4배 이상까지 올랐고 사고 싶어도 못 사는 상황에서 누군가는 마스크로 엄청난 부를 얻기도 한다. 생명을 가지고 이윤을 창출하는 행위를 보고 말하는 것이 아니다.

중요한 것은 마스크를 만들 수 있는 공장을 가지고 있는 것도 기회인 것이다. 신종플루 이후로 계속해서 호흡기에 대한 보이지 않는 적들과

싸우고 있다. 미리 기회라고 생각한 사람은 마스크 공장을 통해서 꾸준하게 이익을 얻는 것이다. 기회를 알아볼 수 있는 눈이 있어야 기회이지 않겠는가? 기회는 언제나 열려 있고 지금 이 순간도 부자가 되고 싶은 사람들과 부자들은 투자를 하고 있다. 기회는 내가 부자가 되기로 선택한 순간이 기회이며 금융 지식을 키워서 기회를 잡고 인생 역전을 하길 바란다.

빠른 선택이 더 큰 부자를 만들어준다. 당신이 20대에 관심을 가졌다면 큰 부자가 될 수 있을 것이지만, 50대, 60대라면 부자가 되기 위한 시간이 얼마 없다. 부자가 되기 위한 씨앗(종잣돈)이 크는 데는 시간이 걸리고 타이밍이 있다. 50년 전에는 강남에 투자를 했더라면 당신은 부자가 되었을 것이다. 그리고 30년 전에는 분당, 20년 전에는 판교, 10년 전에는 세종과 같이 지금 당신이 놓치고 있는 타이밍에 누군가는 투자를 해서 큰 부를 이루었고 지금도 미래의 판교처럼 커질 곳들이 있다.